# バランシング
# ベビーシアツ

## 生後すぐから1才までの赤ちゃんの
## 発育を促すやさしいタッチ

著者

カリン・カルバントナ－ヴェルニッケ

ティナ・ハッセ

翻訳者

カーティー　倫子

Copyright © Karin Kallbantner-Wernicke and Tina Haase 2013
Foreword Copyright © Dr Steffen Fischer 2013
English translation copyright © Anne Oppenheimer 2013
Photographs copyright © Monika Werneke 2013
Illustrations copyright © Wolfgang Pfau 2013

Original title: Baby Shiatsu – Glücksfriffe für Winzlinge. Fördert die Enwicklung – Stärkt die Eltern-Kind-Bindung – Hilft bei Blähungen, Zahnen & Co. by Karin Kalbantner-Wernicke and Tina Hasse. With photographs by Monica Werneke©2011 by Kösel-Verlag, a division of Verlagstuppe Random House GmbH, München, Germany.

あなたと赤ちゃんの間の
すべてのタッチが
特別なものです

一期一会

# 目 次

序文 ................................................................ 6

## はじめに ........................................................... 9

無理強いはしないこと ............................................. 9
この本について ................................................... 10
バランシング ベビーシアツでの圧の使い方とは？ ..................... 13
「指圧」と「経絡」「陰と陽」について ............................... 14
バランシング ベビーシアツの誕生、効果、限界 ....................... 20
はじめる前に ..................................................... 24
さあ、はじめましょう！ ........................................... 28

## 第一期：中心を見つける（最初の3ヶ月） ............................. 31

赤ちゃんの現在の発達段階 ......................................... 32
エクササイズ ..................................................... 34
3-4ヶ月の赤ちゃんの発達指標 ...................................... 43
発達を促すためのエクササイズ ..................................... 44
ハートのリスト ................................................... 47
ママとパパのためのエクササイズ ................................... 47
エネルギー補給 ................................................... 51
あなたと赤ちゃんが達成してきたこと ............................... 53
エクササイズ一覧 ................................................. 54

## 第二期：動き出す（4-6ヶ月） ....................................... 57

赤ちゃんの現在の発達段階 ......................................... 58
エクササイズ ..................................................... 61
6-7ヶ月の発達指標 ................................................ 70
発達を促すためのエクササイズ ..................................... 71
休息とエネルギーの補給 ........................................... 74
ママとパパのためのエクササイズ ................................... 75
エネルギー補給 ................................................... 81
あなたと赤ちゃんが達成してきたこと ............................... 83
エクササイズ一覧 ................................................. 84

## 第三期：周囲を発見する（7-9ヶ月）..........87
赤ちゃんの現在の発達段階..........88
エクササイズ..........90
9-10ヶ月の赤ちゃんの発達指標..........100
発達を促すためのエクササイズ..........101
どれだけ柔軟ですか？..........104
ママとパパのためのエクササイズ..........105
エネルギー補給..........107
あなたと赤ちゃんが達成してきたこと..........109
エクササイズ一覧..........110

## 第四期：世界を征服する（10-12ヶ月）..........113
赤ちゃんの現在の発達段階..........114
エクササイズ..........115
小旅行..........128
ママとパパのためのエクササイズ..........128
エネルギー補給..........133
あなたと赤ちゃんが達成してきたこと..........135
エクササイズ一覧..........136

## 軽い不調への対処法..........139
足..........141
緊張をほぐす..........142
消化..........142
呼吸..........144
睡眠..........145
感染症にかかりやすい場合..........145

## 追記 小児はり..........146
はりを使わない赤ちゃんへのはり療法..........146

## 付録と参考文献..........148
関連団体..........148
出版物..........150

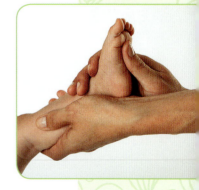

# 序 文

　赤ちゃんが生まれてから最初の数ヶ月の間、両親は非常に幸せで大きな喜びを経験しますが、同時に不安で心配になることも多々あります。私は小児科医として臨床において、多くの慣れない育児に戸惑う両親がサポートを得ることによって、この時期を乗り越えられるところを何度もみてきました。

　あまりに多くの情報や勧告や警告やPRなどがあり過ぎるため、多くの母親や父親は赤ちゃんにとって何が良いのかわからなくなってしまいます。この状況から「バランシング ベビーシアツが赤ちゃんや両親にとって果たして良いことなのか？」という疑問も自然と出てくることでしょう。

　バランシング ベビーシアツは第一に内面のバランスを取ることを大切にします。この手技が特別なのは、赤ちゃんが刺激を欲しがっている場合には刺激し、落ち着きが必要な場合にはなだめるというように、子どもが感情的バランスを取る手伝いをするということです。

　優しいマッサージは、安心の感覚を与え、両親と赤ちゃんの繋がりの中で信頼を築きます。シンプルな手技によって、母親や父親はどのようにすれば子どもが落ち着きリラックスできるようになるかを学びます。そして子どもからどのような反応が返ってくるか分かるようになります。それによって、新生児を扱う自信が生まれてきます。

　不安や心配が子どもと両親の間でやり取りされている場合には、培われた自信やゆったりとした気持ちがその悪循環から抜け出すよう導きます。大人である私たちは、自分が自分を受け入れ

周囲とも調和している時には、エネルギーに満ちて、他人を感じて受け入れ近づくことができるということにも気づきます。「気」という言葉がこのエネルギー状態を指します。

　私は臨床において、多くの療法が出ては消えていくのを見てきています。経年、東洋の文化が発祥となっている、理論的思考を重視する西洋人には理解に困難を伴うような多くの療法も届いています。私は学校で教えるという立場上、これらの治療法には懐疑的な立場を取っています。

　しかし、私が著者のカリンから受けた治療の経験は、本当に感嘆し納得するものでした！ その哲学をしっかり把握することはできないにしても、バランシング ベビーシアツを受けた子どもの良好な発達はわかります。バランシング ベビーシアツは子どもと両親との絆をつくるためにも非常に有益です。

　この本によって、あなたは東洋思想の世界に馴染むことになるでしょう。あなたの赤ちゃんを援助するためにバランシング ベビーシアツを使う方法を少しずつ学びます。著者であるカリン・カルバントナー・ヴェルニッケは指圧を日本で修め、何年にもわたって教えています。そのため、このトリートメントとその原理について確固たる説明ができるのです。

Dr. Steffen Fischer
ヴィースバーデン近郊ホーホハイムに臨床を持つ小児科医

# はじめに

　赤ちゃんたちは、科学者たちが丹念に研究し証明しようとしている触れられることと抱きしめられることが身体に良いということを本能的に感じています。そうされることで賢く元気になり、親子の繋がりを強め健康的な人生の基礎を築けるのです。

　私たちが編み出したバランシング ベビーシアツは、赤ちゃんの健やかな発達を支援することができます。小さな赤ちゃんの欲求や課題に合わせてセラピーを行います。ベビーマッサージのように洋服を脱ぐことなく薄着で、特定の部位への優しい圧を加えて行います。

## 無理強いはしないこと

　触れることは子どもの発達に良い効果をもたらします。しかしそれは、指圧によって発達段階が押し上げられるということではありません。そうではなく、子どもの年齢とそれぞれの能力に応じて発達することを最大限に助ける、ということなのです。この本では両親が、発達の段階に応じて赤ちゃんが必要としていることを与えられるよう学んでいきます。

　新米の両親が発達を気にかけるあまり、より早くより良く発達を促すはずの新しい手技が次から次へと現れています。ベビーシアツは両親へのこのプレッシャーを払いのけます。両親が赤ちゃんを扱うことに自信を持ち、自分たちの直感を信じて安心して落ち着いていられるよう励まします。より気楽な方法で子どもたちの発達をサポートできるよう援助します。

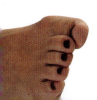

「子どもたちのそのままを受け入れる」という東洋哲学の禅の考え方はバランシング ベビーシアツの考え方の基礎でもあります。

## この本について

　この本は2人の著者カリンとティナによって書かれています。カリン・カルバントナーヴェルニッケは理学療法士でもあり、指圧を教え、ドイツのホッホハイム・マッセンハイムにあるライン・マインセラピーセンターを拠点にするaceki（Academie xur Rntwicklung des Kindes：小児発達アカデミー）の会長でもあります。彼女は日本における指圧の概念を西洋における小児発達の知識と融合させました。このようにして本書で紹介するバランシング ベビーシアツが誕生しました。

　ジャーナリストであるティナ・ハッセはベビーシアツについて調べている時にカリンに出会いました。何年も前にそれにかんする記事を書いたにもかかわらず、読者の中で第二子・第三子ができる頃にはベビーシアツの手技やそれへの質問が再度寄せられるなど、読者からの関心は非常に高いものでした。このようなことから、人生の最も大切な最初の1年にできる手技やエクササイズを紹介しベビーシアツの原理を説明する本を共著することになりました。

　この本を使うことによって、生後1年までのベビーシアツの手技を少しずつ学ぶことができます。最初の1年間を4期に分けてあります。

※注：文中「ベビーシアツ」と表記されている場合は、「バランシング ベビーシアツ」を意味します。

- 最初の3ヶ月（第一期）
- 4〜6ヶ月（第二期）
- 7〜9ヶ月（第三期）
- 10〜12ヶ月（第四期）

　各期において子どもの発達レベルを設定してあり、それに合わせた手技とエクササイズを紹介しています。それぞれのエクササイズの終わりにはあなたの赤ちゃんにどのような効果をもたらすのかを述べています。またそのエクササイズにマッチする赤ちゃんが喜ぶような歌やリズムも紹介してあります。

　各セクションにおいて、赤ちゃんの発達段階の指標も述べています。もちろん赤ちゃんの発達には差があることを理解する必要があります。しかしながら、次の発達段階へと進むには避けて通ることのできない発達もあります。その発達を促し強化するためにあなたが赤ちゃんのためにできるエクササイズがあります。

　各期に挙げた子育てヒントには、お母さんやお父さんが赤ちゃんとの絆を強めることができるテクニックを紹介しています。子育ては非常に大変な重労働でもあるため、ご両親がエネルギーを再充電し健康を保てるような体操やヒントも紹介しています。ぜひ試してみてください！

　ここで紹介した方法をご自身で試すのが不安な方は、赤ちゃん（乳児）のケアを専門とする指圧師に、まずは見本を見せてもらうと良いでしょう。

　この本では、まず指圧の基本を紹介し、それがどのように働きかけるのか、またその限界についてもお話します。そしてベビーシアツを行う際の環境設定や避けたほうが良い場合などについても説明します。

　あなたの赤ちゃんに何かしらの不調がある場合、例えば疝痛や

眠らない、落ち着かないなどの症状がある場合には"軽い不調への対処法"（139ページ）を参照してください。ここには、指圧が解消に役立つであろう、最初の1年でもっとも起こりやすい不調を挙げてあります。

　専門家によるはりを使わない小児はりも多くの症状の解消に役立ちます。

　警告！　もしも赤ちゃんに不調がある場合には、かならず医師にご相談ください。多くの場合、医師の指示のもとでバランシング ベビーシアツもあわせて行うことができます。

# バランシング ベビーシアツでの 圧の使い方とは？

　ベビーシアツでは、指や手によって圧すことを多く行います。これは日本における指圧をベースにしており、主に指を使って、エネルギー経路である"経絡"と呼ばれる特定の部位に触れます。親指や他の指で、優しく深い圧を加え、伸展や弛緩させてエネルギーの流れのバランスを取ります。この方法によってエネルギーの流れが阻害されている場所を強化し、エネルギーの流れを保ちます。

　日本において指圧は、1964年に独立した治療法として当時の厚生省に認められました。1970年後半には、Shiatsuとしてアメリカ合衆国にも知られ、その後まもなくしてヨーロッパにも紹介されました。
　しかし西洋では、日本の指圧による療法をまったくそのまま取り入れるということではありませんでした。東洋哲学の根幹をなすホリスティックな解釈は、かならずしもそのままの形で西洋の考え方に受け入れられるというわけではありません。東洋の人たちが長い伝統の中で感性の部分で、癒しとして受け入れている一方で、ヨーロッパでは、正確に効果としてのエビデンスがなければ、療法のレベルまで引き上げるのは困難なのです。

　大人への治療法として西洋でも確立されたShiatsuは、現在では赤ちゃんや子どもにたいしての治療としても使用されるようになってきました。それは、この優しい療法にたいして赤ちゃんや子どもが特に良く反応するからです。

## 「指圧」と「経絡」「陰と陽」について

　「指圧」という手技療法は、12のエネルギーの通り道にあるツボにはたらきかけることが基本です。これらのエネルギーの通り道である経絡は、身体の各部、感覚系統、臓器や感情とつながっています。

　もしもあなたが気分も良く健康と感じているならば、気と呼ばれる生命のエネルギーは経絡にそって流れています。しかしストレスを受けていたり病気に罹っていたりすると不調を感じ、気の流れが阻害されているということになります。

> 指圧においては、まず身体には12の経絡があると考えます。健康な人では生命のエネルギーである気がその経絡にそって流れています。病気やストレスはそのエネルギー循環を阻害することになります。

　気の流れが滞ってしまった場合、例えば赤ちゃんが過剰に刺激を与えられた場合には、結果として赤ちゃんは具合が悪くなったり、苛立ったりするでしょう。

　経絡について、次ページ以降で簡単に説明します。経絡は赤ちゃんの時には機能が未発達ですが、経年で発達していきます。

　東洋的な考え方からすると、経絡は臓器と同様に人を形成する重要なものです。また「陰と陽」のない人生は存在しませんが、西洋的な観点からは、理解しづらいかもしれません。西洋と東洋の医学はまったく対峙したところから発生しているので無理もありません。経絡を理解しやすくするために、下記に要約します。身体の中の経絡の役割についても述べます。

## 12の経絡について

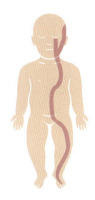

### 胃経

　空腹や食欲に関連し栄養摂取を司ります。社会的な印象や接触にも携わります。この経絡は、人生における安全や自分自身を中心に据え自分の見解を表現する能力に関連します。

### 脾経

　栄養からエネルギーを集め、身体の中で転換し利用します。食物や社会的接触の両方からエネルギーを引き出すことに関連します。

### 肺経

　呼吸をすることによってエネルギーを得ることを可能にします。同時に、外部影響、例えば病気などから防御する働きも担っています。

### 大腸経

過去を手放したり諦めたりすることによって新しいものへの場を確保することを司ります。手放し反映させる能力は、この経絡に依っています。

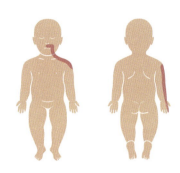

### 肝経

身体と魂の内的秩序を保ち、人生においてどこに向かいたいのかを明確に計画し観ることができるようにします。人生のビジョンと創造性をサポートし、身体的行動に移るエネルギーを準備します。

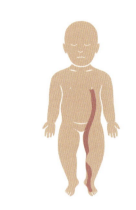

### 胆経

日常のすべてにおける回転運動に関連します。骨盤の正しい位置はここから派生します。この経絡は、決定し実行に移すことを司ります。

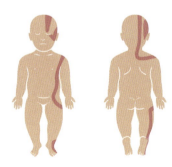

「指圧」と「経絡」「陰と陽」について　17

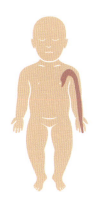

### 心包経

　心包経の昔の名前は、"循環器経絡"でした。循環器系を整え、心臓を守ります。心包経は外部からの影響が入るのを防ぎ、心臓機能を妨げることなく心臓を防御します。気分が昂ぶった際に冷静でいるのを助けます。

### 三焦経

　この経絡は西洋で知られているどの臓器ともつながっていません。害のある外部影響を受け流します。呼吸や消化、排泄を調和させることによって身体機能を調整し、各経絡の能力を最大限に機能させます。

### 心経

　心臓のエネルギーは、それぞれの経絡エネルギーを調和させ魂と感情の調和を図ります。心経は内なる平和と魂が清澄であるよう保ちます。

### 小腸経

身体が必要としていることとそうでないことを区別します。重要なものを吸収し必要でないものを排除します。身体の中の消化と栄養を司ると同時に、思考プロセスをコントロールします。

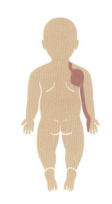

### 膀胱経

身体の直立を司ります。とりわけ脊柱に関連します。膀胱経は人生における支援も提供します。私たちの信頼や不信はこれによって影響を受けます。

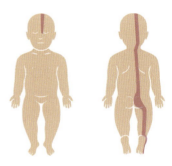

### 腎経

必要不可欠なエネルギーを表します。腎経はあるがままの人生を受け入れる能力も与えます。

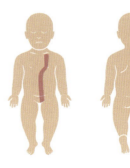

## 陰と陽

　中国医学や日本の伝統的な漢方医学の考え方において、人生は、一方に日があたりもう一方は影である山の傾斜に例えられます。陰は影の側面で、陽は日があたっている側面です。たとえば、冷たく湿って静的で暗いのは陰、そして温かく乾いて動的で明るいのは陽です。生命エネルギーである気をより詳しく述べるなら、これら東洋的な見解では、陰から派生する経絡の中の気の流れは女性的であり、陽は男性的であるとされています。

　どちらがより良いというわけではなく、どちらもバランスよく必要です。陰陽シンボルのように、陰はつねに少しの陽を含み、陽も同様です。陽の中に陰の種が存在し、陰の中に陽の種が存在します。

　人や生命の中にある陰と陽のバランスは調和の基礎であり、陰陽バランスがとれている状態こそが健康なのです。たとえばストレス状態にあるとき、陰または陽のどちらかが優勢でもう一方が劣勢であり、その人の心身が中心を失った状態であるということになります。

　もちろん長い人生の中で、時としてどちらか一方が優勢になることはあります。けれども健康な人であれば、しばらくの間は陰陽バランスを失った状態を補完することができます。しかし、その状態が長く続いたり心身が弱っている時には、身体と魂がバランスを崩してしまいます。これが心や身体の病気などトラブルへとつながっていきます。陰陽バランスをくずしたまま、常に緊張し回復する機会がないままでいる人は、遅かれ早かれ完全に疲弊してしまうでしょう。一方、動きも緊張もない脳は、発達を続けるために必要な刺激を受けることができません。

身体の中のエネルギーの通り道も、また陰と陽に区別することができます。陽に当てはめられたものは、エネルギーの流れは上から下へ、つまり頭から足へ向かいます。小腸経、大腸経、三焦経、膀胱経、胃経、そして胆経は陽です。陰のエネルギーの流れは下から上へ、つまり足から頭へ向かいます。心経、肺経、心包経、肝経、脾経、そして腎経は陰です。

## バランシング ベビーシアツの誕生、効果、限界

「私の母はこんなふうにしていましたし、実際効果があります。」30年前に日本で赤ちゃんと子どもの治療を専門にしている指圧師たちを訪れた時に、夫であるトーマス・ヴェルニッケと私カリンはこの言葉を何度も耳にしました。しかしながら、指圧師たちは何がどのようにして効果があるのかということは多くの場合、説明することはできませんでした。そのため、西洋から来た私たちは、ただ間近で観察し、ビデオ録画をし、見たことを忠実に真似て、どのようにしてそれが効果をもたらしているのかを私たちなりに探すことにしました。

　私たちは、日本から持ち帰ったテクニックをもとにして、特に発達生理学と発達心理学を参考にして西洋の知識で東洋の臨床を補うということを行いました。こうしてバランシング ベビーシアツが誕生し、それ以来修正を加えながら今に至っています。

## ベビーシアツにおける部位

　出生直後の状態では、12の経絡はまだ十分に発達しきっておらず、徐々に明確になってきます。しかしながら、最初の1年間で主だった経絡は、4つずつ集まった3つのグループとして働き始めます。この"特別な関係"は生涯にわたって続き、もしも問題が起こった場合には、グループの中の4つの経絡がそれぞれ解決しようと働きかけます。

　はり療法では、このように現れる3つのグループは"3回路"と呼ばれます。しかしながら、この用語はそれらがかかわる複雑なネットワークを説明するには十分ではありません。そこでベビーシアツでは、これらの回路を"群"と呼びます。それらが位置するところによって、"前面"、"後面"、"側面"群と呼びます。

> 3つのグループは"前面群"、"後面群"、"側面群"に分かれ、それぞれが4つの経絡を含みます。

　"前面群"は、胃経、脾経、大腸経、肺経で構成されます。これらにアクセスするには、赤ちゃんに仰向けで寝てもらう必要があります。主にケアする部位は胸部、腹部、両腕、両足です。（生後0-3ヶ月）

　"後面群"は、膀胱経、腎経、心経、小腸経に属します。赤ちゃんはうつ伏せになってもらい、ケアするのは両手足の背面となります。（生後4-6ヶ月）

　"側面群"は、胆経、肝経、三焦経、心包経を統括します。赤ちゃんは横向けに寝てケアを受けます。（生後7-9ヶ月）

　発達心理学と発達生理学では、赤ちゃんは特定の順序をもって少しずつ発達するとされています。しかしながら、子どもはそれぞれに好みや能力に違いがあります。そのため子ども同士を比

較してはなりません。

　運動発達を見るときに、"前面群"は子どもが中心とバランスを見つけることを促します。"側面群"は回転を導きます。そして四つ這いができ、歩くことを学ぶには"後面群"が必要です。おすわりや走る、ジャンプするといった基本的能力は3つすべての"群"がかかわり、相互に支配しあうことになります。

　　ベビーシアツにおいて3つすべての"群"をケアするには、仰向け、うつ伏せ、横向けの3つの姿勢をとることになります。

### 効果

　子どもの成長、世界への信頼や自信は人生の最初の1年間における経験を基礎に築きあげられています。基本的な欲求が満たされ、安心し守られ愛されていると感じたならば、子どもは人生のための安定した基礎を築いています。

　　ベビーシアツを使うことによって、生まれてすぐから両親は子どもに愛情をたくさん与えることができます。この優しいケアは、小さな子どもの欲求や願いを叶え発達を支援します。ベビーシアツを行う両親は、赤ちゃんに安全の感覚を与え信頼を培い子どもとの絆を強化します。

　この手技は健康上の問題を抱えている赤ちゃん、例えば歯の生える時期の苦痛や腹痛を和らげ眠りやすくするのにも役立ちます。優しく的確な手技は子どもに明瞭な情報を与えるとともに自覚を促し、そうすることによって赤ちゃんは早い時期に自分自身と外部との区別を学び、自分自身を自覚するようになります。これによって身体をうまく使い運動発達の基礎ができあがります。

西洋的な観点からは、指圧は赤ちゃんが刺激により順応しやすくします。身体的接触によりよく対処でき、触覚やバランス感覚も鍛えられます。

### 限界

　日本では何十年もの間、免疫系の強化や呼吸系の病気の予防のために、母親が子供に指圧を用いてきました。母親が自分の経験を娘に伝え、娘がさらにその娘に伝えてきたのです。この日の出ずる国でその効果が疑われることはありませんでした。※ しかし、西洋医学的には、ベビーシアツの効果はまだ証明されていません。子どもを扱うにあたって、どのように子どもに触れるのか、寝かせるのか、動かすのかといった事柄のいくつかは明らかにされています。しかし今のところ、ベビーシアツが本当に病気を緩和するのかどうかについては調査されていません。

　それにもかかわらず、ベビーシアツが乳幼児に良い効果をもたらすことは疑う余地はありません。どれほど赤ちゃんがマッサージを楽しみ進歩していくのかを、セラピストは毎日見ることになります。

　すでに述べましたが、赤ちゃんが病気の場合には、常にまず医師にご相談ください。補完療法としてベビーシアツをやっても良いかどうか、該当の病気に適切なものかどうかを尋ねましょう。

※この記述はあくまでも著者の見解で、日本での実状を現わしているものではありません。著者が来日した折の経験からの記述と思われますが、そのまま翻訳し掲載してあります。

## はじめる前に

### 準備は良いですか？

　あなたがベビーシアツを行う前に、リラックスして落ち着きましょう。深呼吸をすると良いでしょう。(50 ページ参照)

　温かい手で行うのは重要です。氷のような冷たい手で誰も触ってほしくないでしょう？時計や引っ掻いてしまいそうな指輪は外しましょう。

### 赤ちゃんの準備は良いですか？

　赤ちゃんは健康でお腹も空いておらず、おむつもきれいな状態で始めます。ボディースーツや快適なロンパースのような足が自由になるものを着せておきましょう。

### 指圧をしてはいけない場合

以下に当てはまる場合には、ベビーシアツは行わないでください。

- 赤ちゃんにも機嫌が悪いときや気分がのらないときもあります。元気でない場合に、むりやり行ったりしないでください。
- ワクチン接種後は2日間待ちましょう
- 熱がある場合
- ひどい風邪や咳、または下痢などの急性の病気
- 赤ちゃんがいつも疲労している場合
- 体重減少がありその理由が不明な場合
- 寒すぎる場合

- ベビーシアツが好きではない赤ちゃんもいるので、もちろん無理強いはしないでください。その場合には足や手だけ試してみてください。月齢の若い赤ちゃんは、手か足のどちらかを気に入ってくれる場合がほとんどです

**適切な環境**

　静かな場所を選びましょう。赤ちゃんの寝室が良いかもしれませんし、居間が良いかもしれません。快適な室温で静かで心地よい場所を選びます。例えば、明るすぎる場合などはベビーシアツの妨げになります。

　赤ちゃんが横になれるようなマットや折った毛布などを用意します。あなたがベビーシアツ中に座っていたければ、ソファーや壁など背中がもたれられるところにしてください。初めてであれば、床の上で行うと良いでしょう。

　赤ちゃんにとって快適なように、大きなタオルをあなたの足の上に掛けて太腿の上で行なうのも良いでしょう。いくつかのエクササイズには、おもちゃやぬいぐるみを使ってもよいでしょう。その場合には、おもちゃを先に見せてしまうと注意がそちらに行ってしまいベビーシアツの妨げになることもあるので、すぐに見せてしまわないようにしてください。

ベビーシアツには、2人の時間を邪魔してしまうような音楽やお香などは必要ありません。音楽の代わりに自分の声を使いましょう。そうすることによって、赤ちゃんとの素晴らしい時間を過ごすことができます。

### 一番良い時間帯

　ベビーシアツを行うタイミングは、午後のオムツ替えが終わった後や、夜の就寝前など、赤ちゃんとあなたにとって都合の良い時間にしてください。いつも決まった時間に行うことによって、赤ちゃんにとってもルーチンになり楽しみにするようになります。

### 時間の長さ

　ベビーシアツを行う適切な時間の長さは、赤ちゃんが楽しんでいる間ということになります。最初は月齢が若いと5-10分くらいで充分です。手順に慣れてきて、しっかり起きて楽しんでいるようであれば30分くらいはできるでしょう。

### もしも赤ちゃんがやめたくなったら

　赤ちゃんの行動で、いつがやめどきなのかが分かります。自分の中で刺激が多すぎると感じると、赤ちゃんは目を合わせるのをやめるでしょう。このような場合にはベビーシアツをやめましょう。赤ちゃんに休息する時間を与え、"続けていいよ。さあどうぞ。"と目を合わせてくれれば再開します。

休息が必要なときの赤ちゃんが出すサイン
- あなたが触ると手や足を引っ込める
- ぐずり始める
- 呼吸が速くなる
- イライラする
- 身体を固くする
- 顔が蒼白または赤くなる
- 手足に汗をかき始める
- しゃっくりをし始める
- 泣き始める

## さあ、はじめましょう！

　子どもにとっての最初の一年は、驚異の連続です。日々成長していく赤ちゃんを両親は喜びをもって見つめます。赤ちゃんは1歳になる誕生日までに、非常に大きな進歩を遂げます。自分ではどうしようもない状態でベッドに寝ていた赤ちゃんが、1歳になる頃にはおすわりや立ち上がることができるようになります。そして間もなくして自分で歩けるようになるのです。あなたが言っていることもかなり理解するようになり、徐々に話すようにもなります。あなたの宝物である赤ちゃんのこの最初の1年を、ベビーシアツで愛情をもって伴走することができます。

　セラピーを始めるときには、赤ちゃんに挨拶をして名前で呼ぶと良いでしょう。

　赤ちゃんに何かを行う前には必ず説明して行うと、赤ちゃんもより準備ができて自分の身体を認知しやすくなります。歌や子守唄なども動きと一緒に使うと、赤ちゃんはより一層喜ぶでしょう。できるだけ目を合わせながら行いましょう。

## バランシング ベビーシアツの実践

### 第一期
# 中心をみつける

最初の3ヶ月

## 赤ちゃんの現在の発達段階

　新生児にとって、初まったばかりの人生は非常に困難を極めます。食物、温かさ、保護など必要なものはすべて子宮の中にそろっていましたが、今では自分でなんとかしなければなりません。おっぱいに吸いついたり、温度の変化や重力、騒音や匂い、視覚刺激などすべてに慣れるために非常に大きなエネルギーを消耗します。新しい刺激の洪水に圧倒されずにいるために、赤ちゃんは１日平均20時間眠ります。お母さんのお腹にいたときのように足や手をまだ引っ込めています。起きた時には、飲み、キックして周囲を眺めます。

　バランシング ベビーシアツのソフトな圧力は赤ちゃんが最初の３ヶ月において、自分自身の感覚を理解し、中心を見つけ身体の境界を明確にするのを助けます。

　赤ちゃんは両親の腕の中に抱かれ、母親や父親を感じ、嗅ぎ、聞くことができることを特に楽しみます。人生のこれら最初の週に、赤ちゃんは自分自身でいるだけで愛されるということをすでに知り始めます。これは非常に重要な発見であり、人生の中で困難を迎えたときに支えとなる重要なものでもあります。バランシング ベビーシアツは赤ちゃんにサポートと安心を与えます。

　あなたの赤ちゃんは日々進歩します。多くの赤ちゃんは早ければ２ヶ月ほどで両親にむかって微笑みます。数週間で出生直後と比べものにならないほど、より活動的になります。うつ伏せをさせると数秒間自分で頭を持ち上げることができます。（うつ伏せは、起きているときにだけ行ってください。）その小さな手は、与えるもの何でも掴みます。あなたの赤ちゃんは、より動くようになり、たとえば指で遊んだりします。

最初の数ヶ月間、赤ちゃんは完全にあなたに依存しており、別の人格だとわかるために少しずつ学んでいかなければなりません。このプロセスは、へその緒を切り、赤ちゃんの第一呼吸から始まっています。

　現段階では、赤ちゃんは気づくすべてのことを自分に関連させます。環境の雰囲気に敏感に反応します。たとえば両親が言い争っていたりすると、赤ちゃんもぐずり始めます。ほんとうに少しずつですが、自分の周囲に緊張があっても自分は大丈夫だと感じていいということを学びます。こんな場合にベビーシアツが、赤ちゃんの皮膚を触ることによって赤ちゃんの境界がどこにあるのかをわからせるために役立ちます。

　自分たちが機嫌の悪いときに、赤ちゃんに対してしばしばやつ当たりしてしまう両親にとっても、同様に役立ちます。そんなときには、大人のためのエクササイズを試してください。（p.47参照）より良く行動できる助けになります。

　多くの赤ちゃんが3ヶ月頃には昼夜のリズムがつきはじめます。それは、両親にとって朗報ですが、赤ちゃんが一度に眠るのは通常5時間までです。この頃には1日15時間程度眠っています。

　あなたの赤ちゃんは少しずつ、よりリラックスしはじめます。手はより頻回に開き、口に持っていったり両手を合わせたりします。

　赤ちゃんが頭をおこし、左右に自由に回し、中心線上で両手を合わせて遊び、両足の裏が合わせられるようになれば、赤ちゃんは中心を見つけています。陰陽の見解からすると、これは身体の2つの側面のバランスが均等になったということを指し、それはこの人物が困難な場面で平静を保てるということも示します。赤ちゃんの場合には、たとえばなにか邪魔が入った時に落ち着くことができる、または、外部刺激が多すぎた場合に圧倒されないということを示しています。

## エクササイズ

　まずは床にすわって楽にしてください。壁にもたれたりバランスボールによりかかるなどでも良いでしょう。膝を軽く曲げます。太ももの上に赤ちゃんをのせ、赤ちゃんの足も軽く曲げた状態であなたの胸のあたりに置きます。

　出生後数日から、次にあげるエクササイズをゆっくりと行うことができます。**1.** から始めて **4. 5.** くらいまでを行ってください。その後、日を追うごとに他のエクササイズも付け加えていきます。もしも赤ちゃんがすでに生後数週間から数ヶ月経っていれば、すべてのエクササイズを行っても結構ですが、赤ちゃんが楽しんでいるかどうか確認しながら行ってください。

**エクササイズに必要なもの**
- 赤ちゃんが興味を持つようなオモチャ

### 1. 赤ちゃんを歓迎

　赤ちゃんの鎖骨の下のあたりを、あなたの手の根本を使って優しくタッチします。その後、赤ちゃんの胸のうえに両手を軽くのせ、1-2分じっとしていましょう。

▶ このエクササイズは赤ちゃんに、家や世界から歓迎されているという感覚を与えます。呼吸を助けるので、咳を和らげることができます。

## 2. 包み込む

あなたの両手を赤ちゃんの背中側に置きます。赤ちゃんの両肩が手の上に乗っている状態です。赤ちゃんが肩を上げるようなら、リラックスするまでその状態を保ちます。その後、赤ちゃんの上腕から手首にかけて優しく全体に圧をかけながら手を移動します。あなたの親指が赤ちゃんの腕を掴まないように、親指は他の4本の指に沿わせた形で握ってください。

▶ ここでの身体的接触は赤ちゃんに中心をみつける手助けをし、赤ちゃんが自分の手を認識できるよう刺激します。このエクササイズはなだめる効果もあります。赤ちゃんにサポートと安心の感覚を与えます。

## 3. 背骨を強くする

　あなたの親指は赤ちゃんの胸側に置き、他の指は赤ちゃんの肩甲骨の下から背骨に沿って置いておきます。赤ちゃんの背面に優しい圧を加えながら少しずつお尻まで手を移動させます。

▶ 赤ちゃんの首は伸びて力が抜けています。脊柱も伸びている状態です。

## 4. 背中をストレッチ

　赤ちゃんの左右の足を交互に伸ばします。この運動をしながら、以下の歌を歌います。

### 左おじさんと右おばさん
　*左おじさんと右おばさん*（右手に持った足を振って、ついで左手に持った足を振ります）
　*昨晩おでかけしました*
　*左おじさんはダンスしに*（右手に持った足をゆっくり曲げて伸ばして）
　*右おばさんは、跳ねまわり*
　　（左手に持った足をゆっくり曲げて伸ばして）
　*こっちに、そう*（左手を右手の上にクロスさせる）
　*あっちに、おー*（右手を左手の上にクロスさせる）
　*楽しそうに踊ってる*（両足を曲げて自転車こぎ運動）

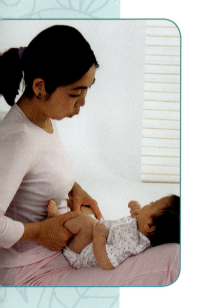

では、赤ちゃんのソケイ部の上に手を置き、そこからあなたのお腹にむかってゆっくりと赤ちゃんの足を伸ばしていきます。赤ちゃんの太ももを握って（あなたの親指は上を向いたままです）足元の方向までゆっくりと手を移動させていきます。

❯ 赤ちゃんはよりリラックスできて、背中は伸展しています。このエクササイズは赤ちゃんが自分の脚と足をより認識しやすくし、消化を助けます。

## 5. 中心をみつける

重ねた両手を赤ちゃんの胸に置き、赤ちゃんに触れているあなたの手のひらが温かく感じるまで待ちます。その後、自分の方向に向かって撫でさげます。優しく均等な圧をかけて、臍までさがっていきます。ここでまた温かく感じるまで待ちます。そして、手の根本で赤ちゃんのお腹を時計回りに優しくマッサージします。

❯ 赤ちゃんは中心を感じることができ、より休息できるようになります。このエクササイズは疝痛にも効果的です。

## 6. 腸の調和

あなたの手を赤ちゃんの胴体の側面に数秒間置きます。そして赤ちゃんの臍の両側を両方の親指で非常に優しく円を描きます。（p.144も参照）

▶ これらのポイントを刺激することは、バランスをとる働きがあります。赤ちゃんが下痢をしている場合には、消化管を落ち着かせます。便秘の場合には消化管を刺激します。このエクササイズは"3ヶ月疝痛"と呼ばれる症状にも役立ちます。

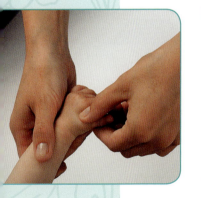

## 7. 内臓強化

赤ちゃんの手への刺激は、身体面と精神面の発達を助けます。指を触ることによって内臓を刺激し、それが免疫機能を強化します。

赤ちゃんの片手の手首を持ちます。あなたのもう一方の手の親指と人差し指で、赤ちゃんの親指の付け根をはさみます。ここから始めて、優しい圧をかけながら、赤ちゃんの親指の先まで握っては移動していくのを繰り返します。

あなたの親指と人差し指で、赤ちゃんの"水かき"の部分をしっかりと押します。残りの指も同様に行い、指を移動するたびに"水かき"の部分も同様にします。全部終わったら、手のひらを返します。

以下の歌に合わせて、これを行うこともできます。

### 梅を落とそう
*この指は親指*
　　（親指を根本から指先まで握っては移動してを繰り返しながら）
*この指が梅を揺らして落とす*（人差し指も同様の動作を繰り返す）
*この指が梅を拾って*（中指も同様に）
*この指がお家に持って帰る*（薬指も同様に）
*そして小指が全部食べちゃった*（小指も同様に）

> 親指をマッサージすると、特に食欲や消化を助けます。人差し指は怒りっぽく苛立ちやすい子どもをなだめます。中指は循環を促進し、特に手足が冷たくなりやすい赤ちゃんに効果的です。薬指は風邪をひきにくくさせ、小指は骨と関節を強くします。指の間の水かきに圧を加えることで、赤ちゃんの身体を強くし、歯が生え始めるときの症状を和らげ風邪をひきにくくします。

## 8. ほどよくリラックス

赤ちゃんの手のひらを返して、あなたの方向に向けます。あなたの片方の親指で赤ちゃんの手の中央を円を描くようにマッサージします。ここは"労宮"といわれるツボです。1分ほど圧を加えておきます。そして、ここから始めてあなたの両親指で中央から外側に向けて撫でます。赤ちゃんのもう一方の手も同様にします。

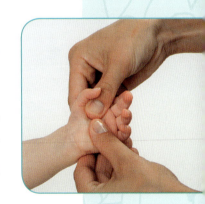

❯ これは赤ちゃんのバランスを助けます。無気力な子どもをより活発にし、興奮気味の子どもを落ち着かせます。また、あまり食べない子どもの食欲を刺激します。

### 9. 消化機能を刺激

　"足三里"と呼ばれるツボ、赤ちゃんの膝の外側下部をマッサージします。赤ちゃんの足の骨の間（腓骨と脛骨）を親指で上に向かって撫でていき、膝蓋骨から一横指のところで止まった場所に見つけられます。赤ちゃんがキックする動きに合わせてそのツボを約１分間保持します。

❯ これは免疫と消化機能を刺激します。疝痛に大変効果的です。

## 10. 手足の先までリラックス

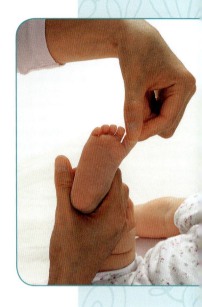

　あなたの片手で赤ちゃんの足首を持ち、もう一方の手の親指と人差し指で赤ちゃんの足の親指をつまみ、根本から指先まで何度かにわけて優しい圧でつまんでは移動し、つまんでは移動しを繰り返します。

　つま先まで行ったらほんの少し引っ張り、次に足指の間の"水かき"をつまみます。そして、次の足指に移り、すべての足指と水かきを同様にしましょう。

　以下の歌に合わせると良いでしょう。

**この子豚ちゃんが市場にでかけた**
　この子豚ちゃんが市場にでかけた
　この子豚ちゃんはお留守番
　この子豚ちゃんはローストビーフを食べて
　この子豚ちゃんは何もなし
　この子豚ちゃんは"エーンエーンエーン"
　　泣きながらお家に帰った

▶ つま先のマッサージは、苛立ちやすい子どもを落ち着かせるのに役立ちます。このエクササイズは、あなたの赤ちゃんを芯からリラックスさせます。

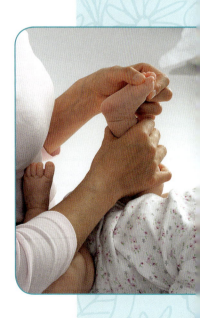

## 11. おやすみなさい！

　あなたの手で赤ちゃんの足首を片方ずつ持って、赤ちゃんの足裏のくぼんだ場所を親指で1-2分押します。このツボは"湧泉"と呼ばれています。

❯ このツボを押すと赤ちゃんをなだめ、眠りを誘います。

# 3-4ヶ月の赤ちゃんの発達指標

- ✓ 仰向けで寝ているときに、両手を身体の中央で合わせることができます。両足も合わせ、頭を安定して保持できます。これらはすべて赤ちゃんが中心を見つけ、良い運動能力を発達させていることを示しています。
- ✓ 赤ちゃんの前面で物をゆっくり動かすと左右に追視します。音を聞くと、聞こえた方向に頭を向けます。
- ✓ うつ伏せで寝ている場合には、肘で支えられます。臍あたりまで上体を起こすことができます。

　4ヶ月終わりになっても、あなたの赤ちゃんがこれらの運動をするのが難しいようであれば、医師に相談なさることをお勧めします。たとえば理学療法を試しても良いでしょう。次に挙げる遊びも赤ちゃんが適切な機能を発達させるのに役立ちます。これらのエクササイズをするときには、赤ちゃんに話しかけながら目を合わせることが重要です。そうすることによって、赤ちゃんの注意をあなたに向けておくことができます。

　この時期には、今までのエクササイズの他に、次に挙げるエクササイズを追加または交互に行っても良いでしょう。しかし無理強いはしないでください！赤ちゃんのやる気がなくなったときには止めて、数時間おいたり、もしくは翌日に再開してください。

## 発達を促すためのエクササイズ

### 感覚

あなたの片手を赤ちゃんの胸に置き、もう一方の手で赤ちゃんの手首を持ちます。ゆっくりと赤ちゃんの手を口元に持って行ってください。多くの場合赤ちゃんはすぐに手を口に入れるでしょう。もしもそうしない場合には、その手で頬を撫でます。何回か繰り返し、手を替えます。ゆっくりと間をおきながらやってください。

▶ 赤ちゃんが手を認知し自分で使えるよう促します。

### 手を鳴らす

赤ちゃんにあなたの小指を持たせて、赤ちゃんの胸の前で3-4回手を鳴らします。ゆっくりと赤ちゃんの手のひら同士をすり合わせます。そして、赤ちゃんの肩甲骨と上腕を持ち、非常に優しくあなたの方向にほんの少しだけ引き寄せます。そうすると赤ちゃんの両手が合わさってくるでしょう。

▶ 赤ちゃんが自分の手で遊ぶことで、ものを掴むことを覚えます。

## 足

　優しく赤ちゃんの両足の裏をすり合わせます。これを何回か繰り返しましょう。そして、とてもゆっくりと親指同士を合わせ、その他の指同士も一本ずつあわせていきます。必ず親指からはじめましょう。

❱ 赤ちゃんが両手と両足を同時に合わせてくるようなら、すでに自分の中心をみつけています。これはバランス獲得に重要です。

## 飛ぶ

　もしも赤ちゃんがうつ伏せを嫌がるようなら、あなたの前腕に赤ちゃんをうつ伏せにして抱いてみましょう。その姿勢でお部屋の中を早足やゆっくり…とリズムをつけながら歩きます。赤ちゃんはこの遊びが大好きで、お部屋がどんなふうになっているのか見ようと頭を持ち上げてくるでしょう。時々仰向けに戻し、赤ちゃんが色々な角度から部屋を見ることができるようにします。そして今度は反対の腕にうつ伏せにすることで、赤ちゃんの視界も変わります。

❱ 赤ちゃんがうつ伏せ姿勢に慣れてくると同時に、頭をまっすぐ上げておく筋肉も強化されます。この姿勢は疝痛で苦しんでいる赤ちゃんにもお勧めです。

### ● うつ伏せの赤ちゃんのための補助

　あなたと赤ちゃんは、ふたりともうつ伏せに平行に寝ます。赤ちゃんの胸の下に前腕を入れ、もう一方の手を赤ちゃんのお尻のあたりに置きます。これはうつ伏せで寝るのが苦手な赤ちゃんが、この姿勢を保持するのを助けます。赤ちゃんがこれに慣れてきたら、手のかわりに胸の下に巻いたタオルを入れても良いでしょう。そしてあなたは赤ちゃんの頭側に寝そべって話しかければ、赤ちゃんが喜ぶでしょう。この姿勢を保つのに、赤ちゃんの前にオモチャを置くのも良いでしょう。

❯ これは首と背部の筋肉を強化し、赤ちゃんをうつ伏せの姿勢に慣れさせます。

## ハートのリスト

　毎日赤ちゃんと一緒の生活は、喜びに満ちていると同時に非常にストレスに満ちています。でも心配しないでください！ どの両親も同じです。しかし、素晴らしい瞬間も同じだけあるのも確かです。A4の紙に大きなハートを描いて、これから1週間で赤ちゃんと楽しんだことや笑顔になったことを書きだしてみましょう。驚くほど長いリストになることがわかるでしょう。ハートを切り抜いて壁や冷蔵庫に貼り付けておきましょう。もう耐えられないと思った時にリストを見て、赤ちゃんがいるのがどれほど素敵なことなのかを、はっきりと見てみましょう。

## ママとパパのためのエクササイズ

### エネルギー補給

　赤ちゃんを見ると、すぐに丸いお腹が目に入ってきます。後の人生で大人になっても、腹部は周囲で起きていることすべての中心であることに変わりありません。この中心である"腹"は、東洋の理論ではエネルギーが再生されるところでもあります。次に挙げるエクササイズは休息とリラックスするために役立つでしょう。

### 天枢

横になり、両手を温かくなるまですりあわせます。温かくなった手を重ね、臍の下に置き、親指を重ねあわせて臍の両側に置きます。両方の親指の下には"天枢"と呼ばれるツボがあります。このツボに触れることによって、調和させ落ち着かせる作用が期待できます。5回楽に吸って吐いてを繰り返します。お腹の呼吸リズムに手が従っているのがわかるでしょう。

### より良い呼吸

このエクササイズは正座姿勢から始めます。赤ちゃんを自分からすこしだけ離して前面の床に寝かせておきます。足を広げ、膝立ち姿勢になります。腰は膝の位置に保ち、足の甲は床に押し付けるようにするのがポイントです。天井を見上げましょう。この姿勢を保ちながら、肩甲骨を下にさげ、肋骨が広がるよう意識し、呼吸を何回か繰り返します。その後、かかとを持ち、後ろに反ります。あまり反りすぎないようにしてください！腰のあたりに負担が大きくなります。後ろに反るのが難しければ、お尻のあたりに手を置いて支えましょう。

ママとパパのためのエクササイズ　49

この姿勢からゆっくりと身体を引き起こし、上体を前方に曲げます。赤ちゃんの両横にあなたの肘を置き、お腹の力を抜き、赤ちゃんのお腹にキスしましょう。このエクササイズは、消化と呼吸を助け、母乳の出も良くする効果があります。

## お腹がいい感じ

より消化機能を促進するために、先に挙げたエクササイズの違うバージョンを紹介します。正座をし、やや前傾姿勢になって足の間に手を挟み込みます。膝の後ろの空間に指を入れ、親指は外に出しておきます。手の根元で太ももの後ろを押します。手を挟んだまま下の方向に向かってゆっくりと、できるところまで身体を曲げます。"大腸経4番（合谷）"と呼ばれる部位に圧力がかかります。ここは"偉大な排除者"と名付けられるほどで、名前から考えられるあらゆるすべての効果を物語るでしょう。

### ● 空に触れる

　起立します。足は腰幅に保ち、臍の上に両手を置きます。呼吸を落ち着かせ、できるだけすべての緊張をほぐします。手が温かくなったら、右足を前に出すと同時に右手の手のひらを上に向けて頭の上に挙げます。左手を下げ、手のひらは床に向けます。ストレッチできているのがわかりますか？　力を抜いて両手をおろします。もう一方も同様にします。このエクササイズは全身を強くすると同時に筋肉をほぐし、平静の感覚をもたらします。

# エネルギー補給

### 耳のマッサージ

　親指と人差し指で耳をマッサージします。できれば両耳を同時にすると良いでしょう。耳の上方を軽く握りながら耳たぶまで圧を加えていきます。反対方向にも行います。最後に耳を軽く引っ張ります。

効果：これは特に、基本的な活力を司る腎経を活性化させます。ちょっとしたエネルギー補給のようなもので、コーヒーの良い代わりになるでしょう。

### 飲み物　レモンとジュニパーの温ジュース

　この特別な飲み物は、あなたをリフレッシュさせエネルギーを与えます。母乳を与えている場合、特に良いでしょう。
　2リットルの水に、ワックスのかかっていないレモンの皮半分量とジュニパーの実2つを入れ、沸騰させます。その後中火で15分煮て、火をとめて20分おいておきます。
　保温瓶に入れて温かいものを、日中好きなときに飲んでください。

## ●贅沢なバスタイム

　良い香りのお風呂でリラックスすることは、あなたに新しいエネルギーを与えます。精油を入れる場合には必ず乳化剤を使用します。アロマセラピー専用の乳化剤に精油を混ぜるのが基本ですが、植物油で精油を薄めたものをお風呂に入れても良いでしょう。乳化剤5mlに2-3滴精油を混ぜるか、ホホバオイルなどの植物油10mlに精油を2-3滴混ぜたものをお風呂に入れてよく混ぜます。

　リラックスに効果的な精油は、ラベンダー・アングスティフォリアやイランイラン、マンダリンなどです。リフレッシュには、ローズウッド、ローズマリー・シネオール、グレープフルーツなどが良いでしょう。

　お風呂の時間が取れない場合には、マッサージオイルをブレンドして身体に塗布する方法もあります。ホホバオイルなどの植物油に0.5%-1%程度、上記の精油を2〜3種類ブレンドして好きな場所をマッサージしてください。（30mlのホホバオイルに精油を合計3から6滴を混ぜると0.5%から1%となります。）このブレンドオイルを適量とり、好きな場所をマッサージしましょう。

## あなたと赤ちゃんが達成してきたこと

　あなたの赤ちゃんは今３ヶ月になり、この12週間というもの、あなたは持てるすべてのものを与えてきました。一晩中起きていたり、特定の食べ物や飲み物を摂るのをやめ、赤ちゃんを抱いて移動したり、ベビーシアツをしたり、赤ちゃんに十分な注意を向け、それでも赤ちゃんは、何かに感染して熱が出たりもしたでしょう。・・・赤ちゃんのためにいつも、ベストと思われることをしています。立派な仕事を成し遂げているのです。あなたの大切な赤ちゃんが進歩してきたことを考えると、なんと素晴らしいチームになったことでしょう！

　陰陽の視点からすると、あなたの赤ちゃんは今や自分の中心を見つけ、自分を支えるしっかりとした基礎を見つけ出したということになります。この根本的な安定は"前面群"の経絡によるもので、生後最初の３ヶ月に特に形成されるものです。赤ちゃんは"私は大切に抱かれ、この家族の中に居場所があり世界から歓迎されている"ということを習得しています。人生の旅において小さな人間が受け取ることのできる美しい贈り物として、これ以上のものがあるでしょうか？

54　第一期　中心をみつける

## エクササイズ一覧

1. 赤ちゃんを歓迎
 （p.34参照）

2. 包み込む
 （p.35参照）

3. 背骨を強くする
 （p.36参照）

4. 背中をストレッチ
 （p.36参照）

5. 中心を見つける
 （p.37参照）

6. 腸の調和
 （p.38参照）

エクササイズ一覧　55

7. 内臓強化
(p.38 参照)

8. ほどよくリラックス
(p.39 参照)

9. 消化機能を刺激
(p.40 参照)

10. 手足の先まで
リラックス
(p.41 参照)

11. おやすみなさい！
(p.42 参照)

# 第二期
## 動き出す

4-6ヶ月

## 赤ちゃんの現在の発達段階

4ヶ月の赤ちゃんは、すでにかなり独立しています。気温の変化や騒音はあまり気にしません。安定した絆は、ちょっとした邪魔もすぐには反応しないように助けてくれます。

あなたの赤ちゃんは今では周囲をより鮮明に感じることができます。音や顔、物を認識し、たとえばお母さんがどのくらい遠くにいるかなどを、より判断できるようになっています。

最初の3ヶ月では、主に泣くことによって自分を表現していましたが、今ではより多くの違った音をたてることができます。たとえばママやパパがベッドを覗き込むと、喜びにキャーキャー声を立てます。これは状態が良いという赤ちゃんなりの表現です。しかし、赤ちゃんは自分の声をまだ変に感じることもあるので、試しに自分の声を知ろうとして独り言を始めることもあります。喉をガラガラしたり、泡を作ったり、叫んだり自分自身に熱心に聞き入ったりもします。

両親が赤ちゃんに話しかけると、声で応えます。6ヶ月には、赤ちゃんの言葉は"ママ"や"ダダダ"といった子音が混ざった喃語になります。

赤ちゃんは、言葉の能力だけでなく、運動機能も伸びていきます。また探究心が強くなってきます。4-6ヶ月は、自分の手を見て何時間も遊びます。仰向けで寝ている時には、自分の太ももや膝を触ります。そして次の段階では、下肢と足を触るようになってきます。

5-6ヶ月には、多くの赤ちゃんにとって自分の足が大好きなオモチャになります。これによって、赤ちゃんは他のことと同様にバランスを保つことを学びます。仰向けで寝てつま先で遊ぶことは、

腰椎を伸展させ腹筋を鍛えるのにも重要です。これは赤ちゃんがおすわりをする準備となります。

通常、この時期には赤ちゃんはうつ伏せになり肘で支えて自分を持ち上げることもできるようになります。そうでないようなら、最初の0-3ヶ月のエクササイズを行ってみてください。"発達を促すエクササイズ"として最初の0-3ヶ月に挙げたエクササイズもまた赤ちゃんにとっては理想的なものです。

もしも赤ちゃんがうつ伏せで前腕を使って自分を支えているようであれば、4ヶ月目には、頭を数分間もち上げて自由に左右に動かすことができるでしょう。床から上体を起こしますが、腹部はまだです。この状態では、骨盤と太ももは伸展し、太ももを開くこともできます。下肢は床から少しだけ上がっています。

5-6ヶ月には、赤ちゃんは片方の腕の上に体重をかけて休むようになります。これはもう一方の手が自由に物に届き、歯固めやブロックやおしゃぶりを掴むことができるということです。

6ヶ月の終わりには、たとえば赤ちゃんは身体の左側にあるオモチャを取るために正中線を超えて右手を伸ばすことができるようになります。これは寝返りをするために非常に大切なステップとなります。大多数の赤ちゃんが5-7ヶ月の間に仰向けからうつ伏せに寝返りするようになります。この最初の寝返り運動を習得しておよそ2週間で、反対側の寝返り、つまりうつ伏せから仰向けに寝返りできるようになります。この章にあげたエクササイズによって、あなたは赤ちゃんがスムーズにこれらの運動をできるよう援助できます。

6ヶ月の終わりから7ヶ月始めには、赤ちゃんはうつ伏せで手で自分を支えることができるようになります。今や頭を全方向に回し、垂直に保持することができます。お腹はまだ床についていますが、赤ちゃんはすでに頭や胸、腹部を少しの間、持ち上げられ

るほど強くなっています。以下のエクササイズによって、赤ちゃんは間もなくさらに上手にできるようになるでしょう。

　5-7ヶ月の間に、あなたの赤ちゃんは非常に大切なことを学ぶことにもなります。それは、見慣れた人とそうでない人の区別ができるようになるということです。見慣れない人を怖がるようになることで分かります。たまにしか見ないおばあちゃんが迎えにきたりすると、反抗したりします。赤ちゃんはこの時点では親密さを求め、最も近い特定の人物、つまり母親や父親からの安心を求めます。この時期の多くの赤ちゃんは、通常母親に比べて一緒に過ごすことの少ない父親にさえ不安げに反応します。

　この時期には、母親と父親からのサポートとしては赤ちゃんの欲求を満たすことが重要です。この経験は赤ちゃんの基本的信頼の感覚を強化します。もしも赤ちゃんが両親がいつもそこにいてくれると分かっているならば、少しだけ勇気を持って新しい領域に入っていくことができます。そして、数週間か数ヶ月後には、おばあちゃんやベビーシッターなどは、もはや怖がる対象ではなくむしろ赤ちゃんの一番の友達になります。

　人見知りをする期間は子どもによって異なります。通常は数週間ですが、もっと長いこともあります。ベビーシアツを使うなどしてより多くの安心を赤ちゃんに与えることができれば、より早く他人や新しい発見に馴染んでいくことでしょう。

# エクササイズ

　生後4ヶ月以降のあなたの赤ちゃんは、膝の上でエクササイズするには大きくなりすぎているので、床の上で行うのが良いでしょう。足を大きく広げるか、あぐらをかいてマットや毛布の上に座ります。壁にクッションを使って持たれても良いでしょう。

　もしも床の上が快適でないようなら、立って行うこともできます。この場合には赤ちゃんはテーブルの上などの広い場所に寝かせましょう。

　しかしながら、理想的には赤ちゃんはあなたの前の床にマットか毛布を敷いた上に寝ているのが良いでしょう。最初の3ヶ月までのエクササイズに続いて、これからのエクササイズを行うことができます。たとえば、赤ちゃんが好きな2,3の良く行っているエクササイズから始めます。そして、新しいエクササイズを試しましょう。

**準備するもの**
- 小さなタオル
- 30cmくらいのビーチボール
- つま先に鈴を縫い付けてある赤ちゃんの靴下
- 興味を持ちそうなオモチャ
- 固めのクッション
- 大きめのバスタオル

## 1. こんにちは、赤ちゃん！

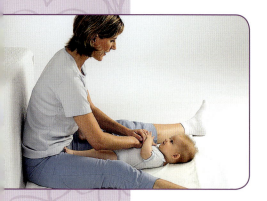

　仰向けに赤ちゃんを寝かせます。あなたの両手を重ねて、赤ちゃんの胸の上に斜めに置きます。足の方向に優しく圧を加えます。目を合わせて歌を歌ったりしながら、赤ちゃんに挨拶します。

**ネズミは家にいる？**
　ネズミが来たよ
　ネズミが来たよ
　リンリンリン
　（赤ちゃんの名前）は、お家にいる？

❱ あなたが赤ちゃんに注意を向けようとすると、赤ちゃんは期待して目をキラキラさせるでしょう。

## 2. 赤ちゃんをうつ伏せにする

　あなたの右腕を赤ちゃんの足側から、胸、お腹に触れるように置きます。左手で赤ちゃんの右肩を持ちます。胸とお腹を優しく圧します。左手で赤ちゃんをほんの少しずつ横向けにさせます。赤ちゃんが頭を持ち上げるようであれば、完全に横向けにし、そこからうつ伏せにします。

❱ これは赤ちゃんの動きを滑らかにし、寝返りの仕方を覚えるのを助けます。

## 3. しっかりストレッチ

赤ちゃんをうつ伏せに寝かせます。この姿勢にまだ慣れていないようであれば、丸めたタオルを胸や脇に置きましょう。赤ちゃんの身体の両側面をあなたの両手で保持します。あなたの親指は赤ちゃんの背中に置いておきます。親指で背骨の両脇を軽く圧しながら骨盤までさがっていきます。仙骨まできたら、あなたの両手を重ねて赤ちゃんの足の方向にむけて優しく圧を加えます。

▶ 赤ちゃんの立ち上がる能力を強化します。このエクササイズは、健康な背中に重要な背骨を強くする働きがあります。良い姿勢によって、話すこともより容易に学ぶことができると言われています。

### 4. 足に気づく

次に、赤ちゃんの太ももの背面を手で握り、軽く圧しながら足元まで握っていきます。

▶ 赤ちゃんはリラックスし、自分の足への認識が高まります。このエクササイズは立ち上がるのを学ぶのに役立ちます。

### 5. 頭を持ち上げる

足元まできたら、アキレス腱の両側を親指と人差し指で持ち、2分間保持します。

▶ これらの部位を刺激することによって、赤ちゃんが頭を持ち上げ中央で保持するのを助けます。

### 6. 落ち着かせる

このエクササイズはすでに最初の3ヶ月で行っています。(p.42参照) 片手に片足ずつ赤ちゃんの足を持ち、あなたの親指で赤ちゃんの足底のくぼんだ場所を親指で軽く1-2分間圧します。

❯ "湧泉"に触れるとすぐに赤ちゃんを落ち着かせるのに役立ちます。赤ちゃんはより容易に切り替えることができ、眠ることができます。

## 7. 体重を移動させる

　赤ちゃんをうつ伏せにします。落ち着かないようであれば、少し待ちましょう。そして、赤ちゃんの曲げた腕の外側を保持します。下に向けて優しく圧すことによって、赤ちゃんは外側から自分の中にある支持感覚を感じます。それから片腕に赤ちゃんの体重を移動させます。その位置で保ち、すぐにもう一方に移ります。

❯ 赤ちゃんは体重移動を学びます。

## 8. 肩を挙げる

　以前にやったように、あなたの両手で赤ちゃんの両腕を外側から保持します。あなたの親指は肩甲骨の中央に位置しています。

❯ 赤ちゃんは上体の筋肉を活発に緊張させ、肩を挙げます。これは良い姿勢の基礎となります。

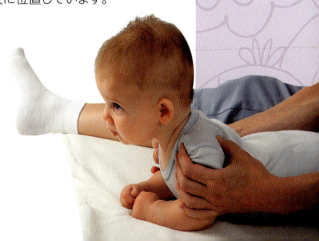

66　第二期　動き出す

### 9. バランスをとる

　あなたの足を曲げて床に座ります。あなたの太ももの上に赤ちゃんを仰向けに寝かせます。赤ちゃんの手を持ち、歌を歌いながらあなたの足を左右交互に上下に揺らします。最後にゆっくりと両足を伸ばし、赤ちゃんを下に滑らせて終わります。

**ジャックとジル**
　　ジャックとジルが丘に登りにいって
　　バケツで水を汲みに行った
　　ジャックは落っこちて冠を割って
　　ジルもその後転がってきた

▶ 赤ちゃんはバランスを取ろうとするので、このエクササイズはバランス感覚を養うのを助けます。

## 10. 足を可愛がる

　赤ちゃんを仰向けに寝かせます。片手で赤ちゃんの足を握り、もう一方の手の人差し指を使って、まずは足の甲側を赤ちゃんの足指の位置から足首側にむかって撫でます。そうすると、赤ちゃんは足を反らせます。次に、赤ちゃんの足底側を足指に近い部位から同様に人差し指を使って撫で下げます。そうすると、赤ちゃんはつま先を下げてきます。そこから今度は足の外側の端に向かって撫で、次に内側の端に向かって撫でます。このようにして、赤ちゃんのすべての足の筋肉を鍛えます。

▶ このストロークは、足の可動性を良くし、循環を向上させ慢性的に冷たい足を助けます。内股を治療するために使われるエクササイズでもあります。（p.141参照）

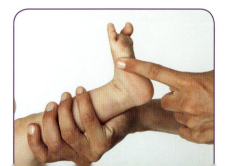
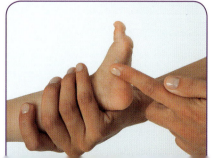

## 11. 足を発見する

　赤ちゃんは仰向けのままでいます。お尻の下に小さなクッションを置いてあげると良いでしょう。そうすることによって、足に届きやすくなります。鈴のついた靴下を履かせます。鈴をつかもうとすることによって、自分の足を認知し始めます。手で鈴を持つことができたら、反対の足も同様にします。

▶ このゲームは赤ちゃんのバランス感覚と腹筋を鍛えます。

## 12. 背骨の強化

　ビーチボールの上に赤ちゃんをうつ伏せに乗せます。30cmくらいの大きさのもので、空気を入れすぎて固すぎないようにしてください。両手で赤ちゃんの脇を持ちます。赤ちゃんの足は床についているか、（赤ちゃんが小さい場合には）あなたの太ももに乗っています。赤ちゃんは足を蹴り、同時に頭を挙上します。お母さんが見ていてくれるのを感じると、より張り切ってエクササイズするでしょう。あなたも同様に赤ちゃんの前方に寝そべって前腕で身体を支え、赤ちゃんを保持することもできます。

▶ このゲームは赤ちゃんをうつ伏せに慣れさせるのに役立ちます。新しい視界の世界が広がることにとても興奮して、うつ伏せで頭を挙げることが大変だということをすっかり忘れてしまいます。背中は強化され伸展します。

## 13. うつ伏せ練習

赤ちゃんがうつ伏せに慣れるのを助けるために、くさび形のクッションを使うこともできます。これがない場合には、固めのクッションと薄いマットを使って傾斜を作ってみましょう。その傾斜に赤ちゃんを寝かせます。赤ちゃんの手はクッションから出て床に届く状態にします。あなたが赤ちゃんの前の床に寝そべって話しかけ、ボールを赤ちゃんに向かって転がすとうつ伏せでいるのを楽しむようになります。または興味のありそうなオモチャを前方に置きましょう。楽しむあまりに、うつ伏せでいることを忘れます。あなたの手を赤ちゃんの仙骨に置くとやりやすくなります。

▶ これは腹部と頸部の筋肉を強化します。

## 6-7ヶ月の発達指標

- ✓ 仰向けで寝ている時に、両手で両足に触れて遊ぶことができます。左右にぐらついても中心に戻ることができます。
- ✓ うつ伏せで数分間は問題なくすごし、左右を見たり何かで遊んだりします。また、すでに左にあるものに右手で取りに行くことができ、反対側も同様にできます。これができるということは、中心線を超えているということになります。
- ✓ 手で支えることができます。上体を起こし、手で自分を押すことができます。足は伸展しています。

これらの動作が困難な場合には、医師にご相談なさることをお勧めします。理学療法が役立つでしょう。しかし、次にあげるエクササイズも自分の身体を認知し発達を促します。ここでも、赤ちゃんに話しかけて注意を向けさせることが重要です。

# 発達を促すためのエクササイズ

### バランスをとる

赤ちゃんを仰向けに寝かせます。指を揃えてその手を赤ちゃんの身体の上に置きます。あなたの体重をゆっくりと左右に移動させます。赤ちゃんはその動きに自動的についてきます。何度か繰り返します。赤ちゃんが目で動きを追うようになれば成功です。

❯ 赤ちゃんは体重の移動を学習します。

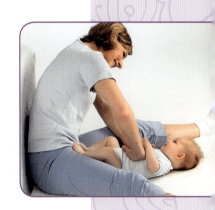

### 覆いかぶさる姿勢

赤ちゃんがうつ伏せを嫌がるようであれば、あなたの太ももに乗せてみましょう。床に足を伸ばしてクロスさせて座ります。赤ちゃんをうつ伏せにして、あなたの上方になった足から赤ちゃんの手がぶら下がる状態にします。

❯ この姿勢は赤ちゃんが楽にうつ伏せでき、新しく興味を引くものを見ることができるようにします。違った視界を楽しめます。

## 揺らす

そのままの姿勢で膝を少しだけ上げます。赤ちゃんを肩と上腕で保持します。その姿勢で赤ちゃんを左右に数回揺らします。歌を歌いながらすると良いでしょう。では、赤ちゃんの体重をもう少し頭の方向に移動させましょう。これは赤ちゃんが床についた手で自分をサポートするよう促します。腕が短いようであれば、赤ちゃんを乗せる位置を太ももから下肢に動かしましょう。

❱ これはバランスと身体認知を促し、手で体重を支える練習になります。

## 手をちょうだい！

　生後4-6ヶ月で未だに赤ちゃんが手を固く握っているようであれば、手の上で身体を挙上したり、後にはハイハイするのが困難となります。このような場合には、あなたが頻回に赤ちゃんの手のエクササイズをすることが特に役立ちます。（p.39参照）

❯ 手のエクササイズは赤ちゃんをリラックスさせ手を開かせます。


## オモチャで訓練

　床の上の固いクッションの上にオモチャを置きます。赤ちゃんは肘で支えた状態でうつ伏せです。オモチャを取るためには、赤ちゃんは片腕で体重を支えなければなりません。

❯ これは筋肉を強化し、バランス感覚を養います。

## 休息とエネルギーの補給

　すべての人は休息のための場所が必要です。ある実験をしてみましょう。（いきなりするのは難しいと思いますが）10分間、周囲の音を意識して聞いてみます。何が聞こえるか書いてみましょう！随分と気づくことがあるのに驚くでしょう。私たちは普段、注意を向けなければ雑音は聞いていません。

　では次に、日中活動をしている中で、休息の時間をとるようにします。まずは食事時間に、携帯、ラジオやテレビの電源を切ります。そしてさらに、少なくとも一日に一回、入浴時やソファーで授乳中の時などに数分間静かにする時間を持ちます。意識してこのような時間を楽しむことは、エネルギー補給のために重要です。

　赤ちゃんも時々は静寂の中にいたいと思っています。いつ一人になりたそうか、自分の赤ちゃんを観察してみましょう。邪魔されないで面白そうなオモチャや自分の身体を探索してみたいと思っているでしょうか？　親指を吸うことでさえ、静寂と集中が必要です。自分自身でいることを許され、何かに完全に夢中になれる時間を持てると感じられると、のちの人生においてより自立した子どもになります。

# ママとパパのためのエクササイズ

## テニスボールを使ったエクササイズ

　日に日に重くなっていく赤ちゃんを抱き上げ運ぶことは、それなりの代償を払うことになります。多くの母親は腰痛やまっすぐ立つのが難しくなったりします。妊娠と出産によって弱まってしまった腹筋に関係していると思われます。肩は丸くなり、呼吸が浅くなり、感染症にかかりやすくなります。

　次にあげるのは、背中と腰痛などの問題を未然に防ぐエクササイズです。簡単に覚えられ、実践することができます。必要なのは、2つのテニスボールと毛布、クッションそして動きやすい服装です。

　ほとんどの赤ちゃんにとって、寝ていてママが動いているのを見るのは、楽しいことで、特にボールで遊んでよければなおさらです。

　たとえば椎間板ヘルニアや腰椎すべり症などの問題を抱え、すでに腰痛があるようなら、ここに挙げるエクササイズはやっても良いかどうか医師と相談なさるか、数種類を選択するのみにしてください。

## 強い背中

図は背面にある膀胱経（BL）で、それぞれが他の経絡に関係しています。上部のツボ（BL13）は肺兪と呼ばれ肺経（LU）の気がめぐり入るところで呼吸、抵抗力、免疫強化、自分自身の領域を保つことを司り、毎日の活動にさらに多くのエネルギーをもたらします。下部のツボ（BL15）は心兪と呼ばれ心経（HT）の気がめぐり入るところで関係性や愛情や注意を強くします。

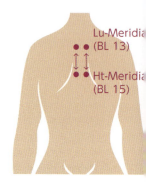

足を軽く曲げて仰向けに寝ます。テニスボールを脊柱の左右に置きます。（図の上部の位置です）腕は身体の横に置きます。テニスボールの上にゆっくりと注意深く馴染むまで何度か呼吸をゆっくり行います。緊張がほぐれるのを感じるまでその位置に留まってください。

次に、頭を上げかかとを自分のお尻に近づけます。このときにはテニスボールを図の下の部位に置いてください。再度、ボールの上でリラックスします。呼吸をするたびに、身体がボールに深く沈んでいくようにします。最後にテニスボールを初めの位置に戻します。何度でも好きなだけこのマッサージを行ってください。そして、ボールを外し、足は伸展させて効果を呼吸しながら感じましょう。このエクササイズは丸まった背中に働きかけ、呼吸を深くし循環を良くします。

## 首の緊張をとる

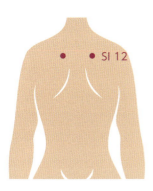

椅子にまっすぐ腰掛け、右手を身体の横におろします。次に左手で右肩甲骨の稜線を感じます。そこから手をくぼんだ位置にある肩の小腸経（SI 12）にスライドさせます。ここに固くて痛みを感じる部位があるかもしれません。

小腸経は肩甲骨の位置を支え、それゆえ、直立姿勢に関連します。赤ちゃんを運び授乳する結果、肩は往々にして緊張しています。

もう一度仰向けに寝て、図の位置の左右にテニスボールを置きます。頭部の力を抜きましょう。この位置が非常に緊張しているようなら、リラックスするのを助けるために小さな枕を頭の下に置くと良いでしょう。

頭部の力が抜けたら、腕を胸の前で組みます。呼吸を吐くたびに、ボールがより深く沈んでいくのを感じます。どんな緊張もすぐにほぐれてくるでしょう。このエクササイズは、定期的にすると、肩の位置を正しく保ち、首の重さを軽減します。これは身体全体と健康に良いことです。

これは小腸経を刺激し、それは私たちに本当に重要なことは何かを教えてくれます。そして今日はあなたにとって、罪悪感を感じることなく、家を綺麗にするよりは赤ちゃんと一緒に陽の光を楽しみながら外出することがもっと重要と気づかせてくれるかもしれません・・・明日は明日の風が吹くのですから。

## 緊張に打ち勝つ

では、直立姿勢をとってください。足をストレッチします。前傾し、指で床に触れます。自分にとって無理なくできるところまでにしましょう。次に、右図の背骨の左右にある膀胱経23番の周りを人差し指と中指でゆっくりと圧します。もう一度前傾姿勢をとると、随分先ほどより遠くにいけるようになっい

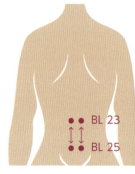

て驚くことでしょう。このツボは背中の緊張を治療するのに非常によく刺激される部位です。このツボは腎兪と呼ばれ、腎経 (KI) の気がめぐり入るところで、一般的に生命力に関わるとされています。

次に仰向けになり、足を曲げます。背中の膀胱経23番 (BL23) の左右のポイントにテニスボールを置きます。頭を枕にのせたほうが快適であれば、そうしてください。息を吐きながら、ボールがより沈んでいくのを感じましょう。足を伸展させると、より圧を加えることができます。

最初は圧を部分的に感じると思いますが、しばらくすると緊張がほぐれます。これらのツボに慣れたら、次のツボである骨盤の上部に位置するツボ、大腸兪 (BL25) まで足を曲げてボールを前後に転がします。

どちらのツボも"活力のツボ"と呼ばれており、抵抗力を増強する役割があります。これらを刺激するのは妊娠と出産の後の女性に特に有効です。

常に立って赤ちゃんを運ぶのはBL25に大きな負荷がかかります。また、妊娠中には、大きくなっていくお腹の重量がここにかかるのを感じますし、産後の1年にも感じられることでしょう。（もち

ろんこの腰椎の湾曲は妊婦だけに見られることではありません）赤ちゃんを運ぶ作業は、よく骨盤のズレを生じさせ、様々な問題を引き起こします。この部位のマッサージは消化を促進させます。

### 足をいたわる

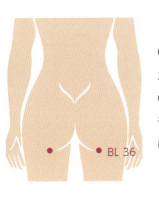

　ハイヒールをよく履く女性は、ふくらはぎの後ろの筋肉が短くなることから痛みを覚えることがあります。これらの筋肉は骨盤のズレに多くかかわってきます。臀部と太ももの間に位置する膀胱経36番（BL36）はこれらの筋肉をリラックスさせます。

足を軽く曲げて床に座ります。臀部の筋肉が太もも上部に交わる部位を感じ、両足の下にテニスボールを置きます。この部位は坐骨神経が近くを走るので、気をつけて行ってください。ボールがその真下に当たる場合には、少し移動させましょう。では呼吸を深くしながら、ゆっくりと足を伸展させます。できれば指先がつま先に向かって届くよう、上体を前傾させます。痛みがあるほど無理はしません。もしも痛むようなら、足を少し曲げましょう。

### ● バランスをとる

"湧泉"のツボは、赤ちゃんのケアでお話しました。大人の生活では、努力なしに直立姿勢を保つことは重要です。腎経のこのツボは足底の中央に位置し、地球と私たちを繋ぎ、足の土踏まずのアーチを安定させることによってバランスよく立つのを助けます。(KI 1) このツボは、足の上部の親指と小指の膨らみの中央下部、足底の中央あたりに位置します。

足をやや開いて立ちます。床にテニスボールを置き、KI 1部位にボールがあたるよう片足を置きます。自分にとって快適なところまで、この足に体重をかけます。そのまま数回呼吸をします。最後にボールを前後に転がし、圧を加えます。もう一方の足も同様です。

# エネルギー補給

## ほっと一息のためのお茶

　クローブは疲れた神経を和らげます。リラックス効果だけでなく、すべての感覚を明瞭にして敏活にさせます。このお茶は、特にあなたを眠たくさせずに午後にリラックスするのを助けます。

用意するもの：ルイボスティー（小さじ5）、シナモンスティック半分、クローブ2つ、500ml水、500ml牛乳、きび砂糖

作り方：水にルイボス、シナモン、クローブを入れて蓋をして沸騰させ、その後弱火にして10分煮だし、そこに牛乳を入れ沸騰直前でとめる。茶こしで漉し、好みの量の砂糖を入れる。

## フットマッサージ

　これはしばらくの間、あなたがどんなに疲れていたかを忘れさせるでしょう。片方ずつ、足首を手で持ちすべての方向に勢い良く回します。足首の可動域は腰椎に直接影響を与えます。"湧泉"を親指で圧して終わります。（p.80参照）

## ● エネルギー増強スープ

　あなたの赤ちゃんには24時間の世話と注意が必要です。その過程であなたのエネルギーは枯渇するでしょう。そんな時は、パートナーや友人に何か作ってもらいましょう。弱ったときやエネルギー不足のときには、チキンスープがお勧めです。

**用意するもの（2リットルのスープ内容）**：チキン1.5kg、塩小さじ1.5、コショウ5粒、クローブ6個、月桂樹の葉2枚、オールスパイス6個、セロリ150g、ネギ1本、人参1本、たまねぎ1個、パセリ適量

**作り方**：チキンを洗い、2.5リットルの水に入れ、塩、コショウ、クローブ、オールスパイス、月桂樹の葉を入れて沸騰させます。

　沸騰したら弱火で1時間半煮ます。アクを取り、適当な大きさに切った野菜を入れ、さらに1時間煮ます。

　水が減りすぎているようであれば、少し足します。チキンを取り出し、冷やした後、皮を剥いで肉を小さく切ります。スープを濾したものにその肉を戻します。

　スープの中に刻んだパセリを浮かべます。野菜のみじん切りやパスタを入れても良いでしょう。

# あなたと赤ちゃんが達成してきたこと

　今では赤ちゃんはよく眠るようになっています。睡眠と覚醒のサイクルができあがっています。特定の動きや声であなたとコンタクトを取ろうとするでしょう。

　東洋的な見方では、"背面群の経絡"のケアは赤ちゃんに自信と安心を感じさせ新しいことにたいして積極的にさせます。今では赤ちゃんはうつ伏せから四つ這いになることができます。この姿勢からの視界は非常に異なり、探索のためにより良く見えることから、もっと発見したいと思い始めます。慣れた周囲を探索できることもわかりますが、寂しくなったり心細くなれば両親のもとに避難できることもわかります。二本足で立ち上がることもそう遠くはありません。

　そして、あなたは？　今では赤ちゃんの扱いにも慣れ、ほとんどの場合に赤ちゃんを機嫌よく保つ方法がわかっているでしょう。

## エクササイズ一覧

1. こんにちは、赤ちゃん！
（p.62参照）

2. 赤ちゃんを
うつ伏せにする
（p.62参照）

3. しっかりストレッチ
（p.63参照）

4. 足に気づく
（p.64参照）

5. 頭を持ち上げる
（p.64参照）

6. 落ち着かせる
（p.64参照）

7. 体重を移動させる
（p.65参照）

8. 肩を挙げる
（p.65参照）

9. バランスをとる
（p.66参照）

エクササイズ一覧　85

10. 足を可愛がる
　　　（p.67参照）

11. 足を発見する
　　　（p.68参照）

12. 背骨の強化
　　　（p.68参照）

13. うつ伏せ練習
　　　（p.69参照）

第三期
# 周囲を発見する

7-9ヶ月

## 赤ちゃんの現在の発達段階

　第三期である7-9ヶ月には、小さな進歩として赤ちゃんはゆっくりとあなたからより自立しはじめます。母親や父親のみだけでなく、特定の人たちも受け入れます。赤ちゃんの動く範囲も広くなってきます。もちろん、あなたが手の届く範囲にいてすべてが大丈夫であるということを確認しようと、何度もあなたとの接触をはかります。アイコンタクトやタッチ、キスによって、赤ちゃんは次の探索に安心してでかけられます。

　赤ちゃんは7ヶ月も経つと小さな体操の名手のようになっています。たとえば多くの赤ちゃんは仰向けに寝ている時につま先を口に入れることができます。大人でできる人はいますか？また、赤ちゃんは横向きになって遊ぶこともできます。これは多くの筋肉を鍛えます。まもなく赤ちゃんは頭の位置を保持したまま、簡単に振り返ることができるようになります。

　うつ伏せもより洗練されてきます。手をよりまっすぐにすることによって、上体と頭をより高い位置にすることができます。

　これは立ち上がるために重要なステップです。間もなく赤ちゃんはお腹の下に足を引きつけ、四つ這いになります。前後、左右に揺らしはじめ、これはバランス感覚を養います。

　同時期、赤ちゃんは腕に大きな力をつけ始め、自分をゆっくりと後ろに押すことができます。しかし多くの場合、まだ前に進めません。オモチャが赤ちゃんのほんの数センチ前にありそれを握りたいのに届かないなどの場合には、前に進めなくて苛立つ赤ちゃんもいるでしょう。

　この章にあるエクササイズとコツはハイハイを簡単にするのに役立ちます。赤ちゃんは通常7、8ヶ月頃にハイハイを始めます。

この頃の赤ちゃんは目が離せません。日々、動く範囲が広くなります。植物の鉢や本や本棚など、何かに届こうと常に試しています。

赤ちゃんは、床の上の小さなホコリやかけらを見つけては拾いたがり、細かな物にとても興味を示します。それまでは手全体で掴んでいましたが、ゆっくりと7、8ヶ月では指先で"つまめる"ようになります。つまり、何かをより正確に人差し指と親指で掴めるようになるのです。

8ヶ月以降、同年令の赤ちゃんの発達はまちまちになります。赤ちゃんにはそれぞれ個性があります。ある赤ちゃんはハイハイや動くことが好きで、すぐにテーブルを掴んで立ち上がるようになります。ほかの赤ちゃんはお座りしてオモチャで遊ぶのが好きなので、早期に手先の器用さを発達させるかもしれません。10ヶ月で歩く子どももいれば、15ヶ月やそれ以降に歩き始める子もいます。多くの場合、心配することはありません。

9ヶ月頃の赤ちゃんは、眠るときだけに仰向けになります。起きていれば、ハイハイをしたがります。横向けからお座りになり、徐々に足で立つことを始めます。

また、赤ちゃんの言葉の発達はすでに始まっていますが、意味をなすことはあまりないでしょう。7-10ヶ月で赤ちゃんは周囲の音を聞き、真似しはじめます。この時期にはすでに言葉を発する練習をしています。"ママ"や"ダダダダ"などの喃語を繰り返します。語彙はまだ非常に少ないです。

しかし部分的ですが、話すことへの理解はすでにあり、毎日することへの質問や簡単な文章を理解することができます。名前をすでに理解し、返答する子どももいます。

## エクササイズ

　今では赤ちゃんはかなり動くことでしょう！この理由から、これからのベビーシアツは床で行うのが良いでしょう。赤ちゃんの前に足を広くひろげてクッションを背中にあてて座ります。以下のエクササイズは非常にゆっくりと行うのが重要です。そうすることによって、赤ちゃんが動きに意識してついてきます。

**エクササイズに必要なもの：**
- 大きめのバスタオル
- ビーチボール
- オモチャ
- あまり厚くないプラスチックのリング
- 椅子

## 1. 横を見せて！

　赤ちゃんを横向けにします。片手で胸とお腹を支え、赤ちゃんの上側の足と腕がその腕にかかります。もう一方の手で少しずつ赤ちゃんの脇の下から骨盤まで身体の横を優しく圧します。骨盤まで届いたら、同様に腰から足まで外側を優しく圧します。

　その後、腕も同様に行います。肩から手まで外側を優しく圧してください。

▶ 赤ちゃんを横向けにすると可動性を大きくします。赤ちゃんは周囲を探索するのが簡単になり、すぐに世界を征服するでしょう！

## 2. 腕と足をちょうだい！

　次に、赤ちゃんをやや仰向けにし、あなたの足にもたれかけさせます。そして先ほど使った方の手は赤ちゃんの肩に置き、もう一方の手は少しずつ赤ちゃんのもう一方の足を腰から足の方向に圧しながら少しずつ移動させます。

最後にもう一方の腕も、肩から手にむけて同様に行います。

▶ 位置を変えることで、赤ちゃんが違った角度から世界を見ることができるようにします。

## 3. バランスのとれた赤ちゃん

　では、赤ちゃんをゆっくりと仰向けにします。あなたの両手を赤ちゃんの胸骨の上に置きます。赤ちゃんが落ち着くまで待ちましょう。それから赤ちゃんを先ほどと反対の横向けにし、エクササイズ1と2を繰り返します。

▶ 優しく圧すことは、赤ちゃんを落ち着かせます。赤ちゃんは安心し、より容易にバランスを見つけられます。

## 4. 仰向けからうつ伏せ

　赤ちゃんを仰向けからうつ伏せにするには、赤ちゃんの左太ももをあなたの右手で持ちます。その足を伸ばし、あなたの左手でもう一方の赤ちゃんの足をお腹に向かって曲げます。こうして赤ちゃんは、伸びた方の足の上に横向けになります。赤ちゃんの頭と右手は身体と一緒に動きます。下にある赤ちゃんの左手は身体にたいして90度の角度になっています。このエクササイズは非常にゆっくりとすることが重要です。それによって、赤ちゃんは動作についていくことができます。

❯ このエクササイズによって、赤ちゃんの筋肉は強化されます。赤ちゃんは回転が起こる際の感覚を掴みます。

## 5. うつ伏せから仰向け

あなたの左手で赤ちゃんの左上腕を持ち、あなたの右手で赤ちゃんの右膝をお腹に向けて曲げます。非常にゆっくりと赤ちゃんの伸展した足の上に身体を横向きに回転させます。赤ちゃんの腕から手を離し、仰向けにさせます。

❯ このエクササイズもまた、赤ちゃんの筋肉を強化します。赤ちゃんの動きはより滑らかになります。

## 6. ボールの上で揺れる

約30センチのビーチボールの上で赤ちゃんをうつ伏せに寝かせます。赤ちゃんをしっかり持ち、ボールを左右に注意深く動かします。行ったり戻ったりするのを楽しみましょう。

❯ このゲームで、赤ちゃんはバランスを取る方法を学びます。頭を持ち上げていることは非常に力を必要とし、首の筋肉を強めます。

## 7. こんにちは、世界！

あなたの太ももにたいして横に赤ちゃんを寝かせます。赤ちゃんは床を見ています。次に自分から遠い方の赤ちゃんの腰と肩を持ちます。そうすることによって、持った側の赤ちゃんの身体が短くなります。そして赤ちゃんをあなたのお腹の方向に引きます。赤ちゃんは自動的に頭を挙上し、部屋を珍しそうに見ます。赤ちゃんをうつ伏せにし、反対を向かせ、同様に部屋を見渡せるようにします。このエクササイズを繰り返します。

❯ これもまた赤ちゃんの筋肉を鍛えます。回転のために非常に重要な、頭を挙上する能力を養います。

## 8. いない、いない、バァー！

赤ちゃんをうつ伏せに戻します。次に赤ちゃんの右腰部と肩を持ち、あなたの方向に向かせます。"バァー!"と声がけするママが見えると、とても喜ぶでしょう。うつ伏せに戻し、もう一方も同様にします。

❯ このエクササイズは可動性を大きくし回転する能力を発達させます。このゲームはまた、後の段階で立ち上がるのに必要なバランス感覚を養います。

96　第三期　周囲を発見する

## 9. それちょうだい！

　赤ちゃんを再度、あなたの太ももの上にうつ伏せにします。あなたが見えるように回転させます。一方の手で、赤ちゃんの腰をしっかり持ち、もう一方でオモチャを見せます。赤ちゃんはそれを取ろうとするでしょう。もう一方も同様にすることによって、赤ちゃんはもう一方の手でも掴むことを練習できます。この時も、赤ちゃんはお母さんの方向を向いています。

❯ このゲームは、赤ちゃんの首の筋肉を鍛え、機敏さを養います。

## 10. 足の滑り台

　椅子に座ります。あなたの伸ばした足の上に赤ちゃんは仰向けで寝ています。あなたのお腹に赤ちゃんの頭はついています。そこから、赤ちゃんをしっかり持ち、赤ちゃんの足が床に着くまで徐々にあなたの足の上をすべりおろします。

> あなたの足を滑り降りるのは立ち上がることを学ぶのに役立ちます。このエクササイズは赤ちゃんに、胃がキュッとなる感覚を与えます。これによって、赤ちゃんは緊張とリラックスの違いを学びます。

## 11. タオルの中で転がる

　大きめのバスタオルを床に広げて、赤ちゃんをその中に置きます。タオルの一方を注意深く引き上げると、赤ちゃんの身体が少し挙上されます。もう一方も同様に行います。

❯ タオルを使ったこのゲームは赤ちゃんに転がる感覚を与えます。

## 12. ワイルドな乗り物

　足を曲げて床に座ります。赤ちゃんはあなたに向かい、膝の上に座っています。赤ちゃんの胴体を両手でしっかりと持ちます。赤ちゃんが左右に揺れるように膝を持ち上げて交互に動かします。これをしながら以下の歌を歌いましょう。

*これは淑女の乗り方「タタッ、タタッ」*

(3回、膝を交互に上下させる)

*これは紳士の乗り方「パカッ、パカッ」*

(3回、両膝を少し早く同時に上下させる)

*これは農夫の乗り方「ドッタンバッタン」*

(非常に早く膝を交互に上下させ、よろめかせる)

そして、突然止まります。あなたの赤ちゃんはまた始まるのが待てないほどです。繰り返しながら、スピードを変えます。

❯ このゲームでは、赤ちゃんは筋肉を緊張させてバランスを取らなければなりません。これはバランス感覚を養います。

## 13. 家のツアー

あなたのお腹に赤ちゃんの背中がくるように、赤ちゃんを抱きます。あなたの片手は赤ちゃんの頭の下と胸を持ち、もう一方は足の間から赤ちゃんのお腹を部分的に覆うように置きます。赤ちゃんは周囲を見渡します。このようにして、家の周りを見せます。少ししたら赤ちゃんの向きを変え、再度家の中を見せましょう。

❯ 赤ちゃんは新しい刺激を受け、頭を上げます。これは首の筋肉を強化します。

## 9-10ヶ月の赤ちゃんの発達指標

✓ 一人でサポートなしで安定してお座りできます。
✓ 仰向けからうつ伏せに寝返り、そして戻ることができます。
✓ オモチャを意図的に観察し、手でいじり、口に入れます。

　もしもあなたの赤ちゃんがこれらのどれかがやりにくいようであれば、医師にご相談ください。理学療法はもちろん役立つでしょう。しかし以下のエクササイズも、赤ちゃんが自分の身体と関連技能を発見するのに役立ちます。

# 発達を促すためのエクササイズ

## バランスをとる

　赤ちゃんを仰向けに寝かせます。あなたの両手の人差し指を赤ちゃんのそれぞれの手のひらに置きます。あなたの中指、薬指、小指で赤ちゃんの手を包みます。

　あなたの親指は赤ちゃんの膝の後ろにあります。赤ちゃんの手は膝を優しく圧しています。この姿勢で少し待ちます。赤ちゃんの手と膝を一緒に持ち、赤ちゃんを横に傾けます。赤ちゃんが頭を持ち上げるまで、この姿勢で少し待ちます。はじめに戻り、このエクササイズを3-4回繰り返します。そして、反対側も同様にします。

▶ 首、背中、腹部そして足の筋肉が強化されます。このエクササイズは赤ちゃんに体重移動のやり方を教えます。

## 手をのばす

　赤ちゃんは仰向けです。赤ちゃんの手首とその反対の足首を持ちます。ゆっくりと赤ちゃんの手と足を身体の中央に一緒に持って行きます。今度は反対側の手と足も同様にします。もしもこれがうまくいくようであれば、赤ちゃんのつま先2本の間に薄

いプラスチックのリングを掛けることもできます。赤ちゃんは非常にすばやく、それを掴もうとするでしょう。

❯ 赤ちゃんの手が足に触れることで、足がわかるようになります。足に触れることは、後のお座りや寝返り重要な動作です。

## クロス・パタニング

　赤ちゃんの右手と左足を一緒に持ち、左の足のうえに赤ちゃんを横向けにします。反対側も同様にします。

❯ このエクササイズは赤ちゃんに寝返りの仕方を学ぶのを容易にします。

## 起き上がり人形

　足を揃えて伸ばして、椅子に座ります。太ももの上に赤ちゃんを交差して乗せ、足の上をゆっくりと転がしながら降ろします。片手で赤ちゃんの肩を持ち、もう一方は腰か胴体を持ちます。この姿勢がやりにくいようであれば、くさび形クッションや他のものを使ってスロープを作っても良いでしょう。

> このゲームでは赤ちゃんは筋肉を緊張させます。筋肉の協調を高めます。

## どれだけ柔軟ですか？

　親になったばかりの人たちの毎日の生活に最も必要なのは、身体的と精神的、同時に2つのレベルでの柔軟性です。東洋的なものの見方では、身体的可動性の限界というのは、自発活動と柔軟性にも問題をもたらすと言われています。

　赤ちゃんをいつも同じ側に抱いていることで、母親や父親はしばしば強い側と弱い側を持つことになります。あなたも両足でリラックスして立ってみて、このケースに当てはまるかどうか試してみてください。腕と肩が同じ位置になるよう身体の横方向にストレッチさせます。腕は伸ばしたまま、一方に身体をひねります。足は地面につけておきます。この運動が簡単にできますか？　では、反対側もやってください。こちらも同様にできますか？

　もしもできないようであれば、片方を良く使っているということです。次にあげるママとパパのためのエクササイズは、どちらかと言うと無視されてきた側も同様に強化し、良好な体調と可動性をもたらします。毎日の生活にも柔軟性が増すでしょう。

　もしもあなたが友人と出かけたい時に赤ちゃんの調子が悪くなったらどうしますか？　そんな時、精神的柔軟性がなかったら。あなたのパートナーが代わってくれますか？　それともあなたの友人を家に招待しますか？　もしもそんな気分になれないようなら、友人と出掛けるのを延期しすぐに次の予定を決めましょう。

# ママとパパのためのエクササイズ

　この時期には、赤ちゃんが眠っていたり、満足気にプレイマットの上に寝てくれていたりする間にエクササイズするという訳にはいかなくなっています。ハイハイや遊んだり探索したりするので、赤ちゃんから目を離すことができない状態だと思います。赤ちゃん連れで活動できる場所が見つけられない場合には、次のストレッチやリラックスのためのエクササイズをすると良いでしょう。赤ちゃんもバランス感覚を発達させることができます。それに、ママとパパが一緒にエクササイズするのはとても楽しいことです。等身大の鏡を用意しましょう。

## ママと赤ちゃんのスイング

　足を広げて立ちます。赤ちゃんはあなたと同じ方向を向いて座った状態にしてあなたの手で支えます。あなたの右足を右前方に少し踏み出します。そして赤ちゃんを抱いたままあなたの腕を左に振ります。反対側も同様にします。これを何回か繰り返します。赤ちゃんはこの動きが大好きですし、あなたにとってもとても良いストレッチになります。

### 鏡マジック

　鏡にたいして後ろ向きに立ちます。赤ちゃんはまだあなたの手で支えられています。あなたの腰を左に回転させ、赤ちゃんが鏡をみることができるようにします。この位置で少し待ちます。そして、次に反対側に向き、これを何度か繰り返します。

### 斜め運動

　赤ちゃんの背中はあなたのお腹に当てた状態で立ちます。赤ちゃんの左太ももを右手で持ちます。そして左足はつま先だけ床についた状態で、左腕を右に振り、身体は右にひねります。反対側も同様に行います。これは筋肉をストレッチします。

### お座りエクササイズ

　正座し、赤ちゃんを太ももの上に座らせます。お尻をスライドさせて床につけ、それを左右交互に行います。赤ちゃんも同様に位置をずらします。体重移動をするたびに、少し間をあけます。これは横への動きの練習で、脊柱にそった筋肉を強化し、足取りを改善させます。

# エネルギー補給

### リラックスのための足浴

やっと休むことができます。そう思うと、色々とやらなければならないことが頭に浮かんでくることでしょう。この足浴はあなたのスイッチを切る手伝いをしてくれます。たらいにお湯をはって、数滴の酢とレモン半分を絞ったレモン汁とドライハーブ（ラベンダーやバラなど）を入れて混ぜ、足浴しましょう。スイッチを切って、何かワクワクすることを思い浮かべましょう！

### 眠りのための一口

この飲物は就寝1時間前に摂るのがベストです。そうするとぐっすり眠れるでしょう。

用意するもの：250ml牛乳、ナツメグひとつまみ、ココナッツオイル小さじ1、黒糖ひとつまみ、またはハチミツ適量
作り方：牛乳をあたため（沸騰させないでください）、ココナッツオイル、黒糖（ハチミツ）、ナツメグを入れて混ぜ合わせます。

### 跳ねる

　大きなバランスボールに座ります。数分体をはずませて、何かワクワクすることを思い浮かべましょう。赤ちゃんを一緒に抱いて行うこともできます。あなたのお腹で赤ちゃんの背中をしっかりサポートします。もちろん、ゆっくりと注意深くはずませてください。このエクササイズは長時間赤ちゃんを抱き運ぶことによる背中の緊張をほぐし、心を明瞭にします。

## あなたと赤ちゃんが達成してきたこと

　あなたの赤ちゃんは、今では家のいたるところで寝返りやずり這いやハイハイをします。これはまさに、場を制し自分の意志の強さを試すという第三期に特に培われる"側面の経絡"のテーマです。

　あなたは時には赤ちゃんと協調しますが、境界も示します。この時期に、欲求や願いを表現しそれらを叶えてもらうという基礎がつくられ、それは後の人生にも続きます。

　ではあなたはどうでしょう？　ちょっとしたことには動じなくなったことでしょう。赤ちゃんが何か面白いことを見つけるので、絶え間なく赤ちゃんの後を追いかけています。そして、おしゃぶりやスプーンや歯固めを今日は何回拾ったでしょう？　赤ちゃんは、ハイチェアーの上からこれらすべての物を投げつけて楽しんでいます。側面の経絡は、両親が赤ちゃんを落ち着きや柔軟性や理想をもって支援する能力を与えます。

## エクササイズ一覧

1. 横を見せて！
(p.91 参照)

2. 腕と足をちょうだい！
(p.91 参照)

3. バランスのとれた赤ちゃん
(p.92 参照)

4. 仰向けからうつ伏せ
(p.93 参照)

5. うつ伏せから仰向け
(p.94 参照)

6. ボールの上で揺れる
(p.94 参照)

7. こんにちは、世界！
(p.95 参照)

8. いない、いない、バァー！
(p.95 参照)

9. それちょうだい！
(p.96 参照)

エクササイズ一覧 111

10. 足の滑り台
（p.97参照）

11. タオルの中で転がる
（p.98参照）

12. ワイルドな乗り物
（p.98参照）

13. 家のツアー
（p.99参照）

第四期
# 世界を征服する

10-12ヶ月

## 赤ちゃんの現在の発達段階

　赤ちゃんが一人で座れるようになると、次に立ち上がるようになるのはそれほど遠くはありません。日に日にハイハイやずり這いによって、少しずつより強くなり、バランス感覚も養われてきます。椅子や机でつかまり立ちをする日も近いことでしょう。
　１２ヶ月経つと、多くの赤ちゃんがテーブルの端につかまって、テーブルの周りをつま先立ちで伝い歩きをするようになります。
　また、ママやパパの手につかまって歩くようにもなります。最初は両手に捕まっていますが、すぐに片手だけで大丈夫になります。そしてまもなく、つかまることなく両足をひろげた状態で、最初の不安定な一歩をふみ出すことができるようになります。多くの場合赤ちゃんは疲れ果て、しかし自慢気にママの腕の中に倒れこみます。
　あなたの赤ちゃんは今や自分の予定表を立て、ハイハイ、寝返り、ずり這い、またはすでに自分の２本の足で直立しています。平均して子どもは１３ヶ月頃に歩くことができるようになります。もっと早く歩くようになる子どももいますが、多くの場合はこれより遅く、それは赤ちゃんの努力がより言葉に向かっているからでしょう。
　その他の運動能力も、より洗練されてきます。今では人差し指と親指で上手に握る"つまみ持ち"ができます。同時にそれぞれの手に何かを持つこともできます。口にパンを入れて食べたりバナナを掴んだりと、なんの問題もなくできます。
　言葉の発達も同様に大きな前進を遂げています。物や人の名前を理解します。"ボールはどこ？"という質問に、頭を回して反応し始めます。その後少し経てば"人形をちょうだい！"といった

簡単な命令も理解し始めます。

　喃語も長くなり、言っていることにも意味を伴います。もしも"ママ"といえば、母親のことを指すようになり、"ワンワン"といえば犬を指します。

## エクササイズ

　ハイハイし、歩き、素早く振り返るなど、今ではあなたの赤ちゃんはかなり機敏です。人生の最初の１年の発達指標をすでに達成しています。よい発達を継続していくためには、動くための十分な機会がなければなりません。そのため、第四期では赤ちゃんのための動作エクササイズを色々と用意しています。

　以下に挙げるバランシング ベビーシアツの手順では、以前に行ったエクササイズをもう一度行い、このワクワクする段階でもまだ赤ちゃんにとって有益な動きを再確認し強化します。第四期までに獲得した能力はここに挙げたゲームの中にも応用され、第三期までの発達テーマも利用されています。そのため、第四期には"発達指標"や"発達を促すエクササイズ"といった章はありません。

**エクササイズに必要なもの：**

- バランスボール
- 毛布
- クッション
- ヨガマットや柔らかいピクニックシート
- 布でできたボール
- テーブルクロスかシーツ
- 高さの違うテーブル2つ
- ロープ
- 薄いスカーフ
- 10cmくらい厚さのあるマットまたは段ボール
- オモチャ
- 小さな鏡

## 1. いい気持ち！

　赤ちゃんが床に寝ていてもどこかで座っていても、ハンドマッサージは有益です。赤ちゃんの片手を持ち、もう一方のあなたの手の親指と人差し指で赤ちゃんの親指の付け根を持ちます。そこからマッサージを始め、親指の先まで上下から軽く圧を加えます。

　次に親指と人差し指の間にある"水かき"の部分をつまみ、優しく、しかしはっきりとした圧を加えます。すべての指を同様にします。そして反対の手順も同様です。

❯ 手へのマッサージは子どもの身体的、精神的発達を促進します。歯が生え始めの頃のイライラや喉の炎症を解消します。

## 2. 真のリラックス

機会があればいつでも足のマッサージもしましょう。赤ちゃんの足首を片手で持ち、もう一方の手の親指と人差し指で赤ちゃんの親指を上下から優しく圧します。付け根から始めてつま先まで行います。そして、つま先を軽くつまみ、"水かき"の部分を圧します。小指まで同様に行い、反対の足も同様の手順を繰り返します。

❯ これは成熟する過程の中で、歩くための足を準備し支援します。同時にこのエクササイズは赤ちゃんを本当にリラックスさせます。

## 3. 背中を強くする

　バランスボールの上に赤ちゃんをうつ伏せにします。赤ちゃんの胴体を両手で持ちます。親指は背中側です。親指で骨盤まで、背骨の両側を圧していきます。仙骨までいったら、両手を重ねて赤ちゃんの足側に優しく引きます。

▶ 赤ちゃんが立ち上がる能力を強化します。これは良い姿勢と健全な背中のために重要です。

## 4. 足を可愛がる

　バランスボールの上に引き続きうつ伏せで寝かせます。次に両手で赤ちゃんの両方の太ももの後ろを保持し、少し圧しながら足首まで降りていきます。

▶ 赤ちゃんはよりリラックスできます。脚や足への認識も高まります。

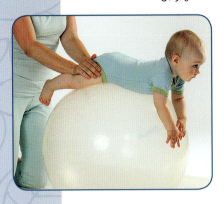

## 5. 上体を起こす

赤ちゃんの両腕外側を両手で保持します。親指は肩甲骨の中央に置きます。赤ちゃんを観察してください。肩甲骨を上げていますか？そうなったら、赤ちゃんの手首まで手をずらします。

▶ 赤ちゃんは上体の筋肉を活発に緊張させ肩を上げます。これは後に直立姿勢で人生を送るための基礎となります。

## 6. ハイハイのための支援

あなたの赤ちゃんはオモチャに向かって這いたいのですが前に行くかわりに後ろに行ってしまい、欲しい物からどんどん遠くに離れて行ってしまいます。そんな時には、あなたの手を赤ちゃんの足底に置いて手伝ってあげましょう。この方法なら、赤ちゃんはあなたの手を押して前に進むことが出来ます。

▶ このエクササイズは、赤ちゃんが前に這う方法を発見するという大事な刺激を与えます。

## 7. ボール遊び

　赤ちゃんと向い合って、ふたりともうつ伏せになります。布のボールを赤ちゃんにむけて転がします。赤ちゃんは、掴もうとするでしょう。

▶ 赤ちゃんは手と目を協調することを学び、ボールを扱うのがより上手にできるようになります。

## 8. "丘と谷" 障害物コース

　赤ちゃんのためにちょっとした障害物コースを作ります。床にクッションやヨガマットを置き、その上に毛布や柔らかいピクニックシートを乗せます。赤ちゃんがその上を這うのを助けてあげましょう。コースの終わりには、ボールなどの欲しがりそうなオモチャを置いておきます。

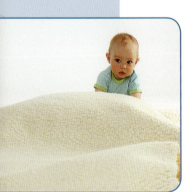

❯ 障害物コースをクリアするのを、赤ちゃんはとても喜びます。
　このゲームはまた、身体的能力を発達させます。

122　第四期　世界を征服する

## 9. 布のトンネルを抜けて

　赤ちゃんから向こう側が見えないように、テーブルクロスやシーツを高さの違う2つのテーブルに掛けます。ハイハイして抜けていくのはとても興奮しますし、ちょっとしたスリルを味わえます。布でできたボールを持ってトンネルをくぐるのはよりいっそう難しいので、その場合にはまずは布なしで練習してみましょう。上手にできたら、布もゲームに使います。

▶ このエクササイズは協調運動を促し、自尊心を培います。これは自我の目覚めを促します。

## 10. スカーフを掴む

　ロープを2点で吊るし、薄いスカーフを掛けます。赤ちゃんはそれを掴もうとして引っ張ります。どのくらいの高さに吊るすかは、赤ちゃん次第です。その後、スカーフの端を持って赤ちゃんの頭と顔にひらひらさせましょう。赤ちゃんは通常これを何度もやってもらいたがります。

▶ このゲームは運動技能を高め、探検の精神と発見の喜びも培います。

## 11. 手押し車

　正座し、太ももの上に赤ちゃんの足を置きます。あなたの膝の前の床に赤ちゃんの手をつかせます。安定させるために赤ちゃんの両側を保持して安心させます。この努力が必要な姿勢を保つために、オモチャはやる気を起こさせます。赤ちゃんが自分の手で支えることに問題がないなら、身体をあなたの太ももから離し、手押し車のようにハイハイさせましょう。

▶ "手押し車" は腕の筋肉と全身の筋緊張を強化します。

## 12. 丸太を転がす

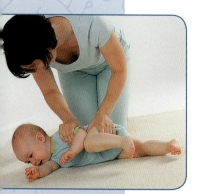

　このゲームはどの赤ちゃんも好きで、何度やっても飽きません。あなたの赤ちゃんが好きでないようなら、たぶん吐き気を催すせいなので、すぐにやめましょう。

　赤ちゃんの身体の同じ側面の足と肩を持って、うつ伏せから仰向けに注意深く転がします。それからうつ伏せに戻します。目を合わせ、驚いたように"ああ、見つけた！"と声をかけます。このゲームを空気マットレスの上やベッド、カーペットの上など場所を変えて行います。

▶ このエクササイズは協調運動やバランス感覚を発達させます。

## 13. 四つ這いで動く

　あなたの赤ちゃんは四つ這いにはなってもまだハイハイができていませんか？それなら赤ちゃんの骨盤の両側を持ち、前後に揺すりましょう。体重移動を感じ自分でやりたがります。また、床に鏡を置き、四つ這いの保持から始めます。この姿勢がどんなにしんどいかということも忘れてしまいます。

▶ このゲームでは赤ちゃんは体重移動とバランスを保つことを学びます。

## 14. 椅子の上で揺れる

　椅子に座ります。あなたの赤ちゃんは足に乗せて、あなたにもたれかからせます。赤ちゃんの両側か両肩を持ちます。では一緒に左右に揺れます。できれば歌を歌いながらすると良いでしょう。ではまた再度動きの最後には少し休みます。赤ちゃんが楽しんでいるようなら、動きをより激しく行っても良いでしょう。

#### 赤ちゃんゆらり

*赤ちゃんゆらり、木の上で*
*風が吹いたら、ゆりかごが揺れる*
*枝が折れたら、ゆりかごが落ちる*
*そして赤ちゃんも落ちる、ゆりかごも全部*

▶ 上記のこのエクササイズはすべて、赤ちゃんにとって楽しいものですが、筋肉を伸展させバランス感覚も養います。

## ● 15. 上に行ってさようなら！

　赤ちゃんの前に10cmほどの高さの、マットや段ボールを置きます。その上にオモチャが見えます。赤ちゃんは片手を自由にして上に手を伸ばせるように、体重をもう一方の腕の上にかけなければなりません。マットの上を這ったりもう一度降りたりしなければならないので、後ろにハイハイする練習もします。これはのちに赤ちゃんが初めて階段を降りたりするときに役立ちます。

▶ 登ったりバランスを保ったり手を伸ばしたり、このエクササイズは運動機能と協調運動を高めます。

## 16. 飛行機

バランスボールの上に赤ちゃんを乗せ、足は後ろに開いています。足をしっかりと持ち、非常に慎重にボールと一緒に赤ちゃんを少し前後に動かします。

▶ このゲームでは、赤ちゃんはバランスを取らなければなりません。これは筋肉を強化しバランス感覚を養います。

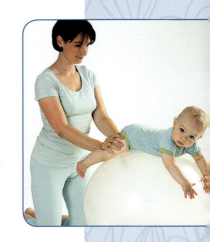

## 17. 安全安心

毛布の上に赤ちゃんを横向きに寝かせ、あなたは横で膝をつきます。頭から爪先まで体側を数回優しく手で圧します。そして、手のひらで赤ちゃんをとても優しく軽く叩きます。手の平らなところでもう一度ゆっくりと赤ちゃんを圧すことで、本当に安心し安全で保護されていると感じます。それから毛布のもう一方で赤ちゃんを覆います。顔だけ出しておきましょう。

▶ このエクササイズは筋肉を弛緩させ身体への気付きを増し、赤ちゃんに安全の感覚を与えます。

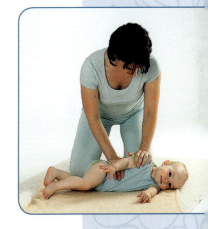

## 小旅行

　もしもあなたが今違う世界に飛んでいくことができるとしたら、どんな感じがするでしょう？ 静かにソファーに寝てみましょう。赤ちゃんは寝ています。どこか好きなところに、ちょっとした小旅行しているところを想像しましょう。できるだけ風景や景色を細かく想像してみましょう。会う人たちは、みんな笑顔です。同じように微笑み返します。こうすることによって、あなたの身体は健康と感じさせる物質であるオキシトシンを分泌します。この短い休息の後には、笑顔でいつもの日常に戻ることでしょう。そして、赤ちゃんは？ あなたに微笑み返します！

## ママとパパのためのエクササイズ

### 操体法

　東洋哲学では、広義に人のセルフイメージは身体のどの部位を主に使うのか、使わないのかということで決まってくるとされています。あまり気にされない部位は負荷のかけすぎや緊張の前駆になります。

　この慢性的な緊張は脳にストレス信号を送り、神経やホルモン系の緊張をさらに引き起こすことになります。これによって、イライラや緊張状態といった悪循環が始まります。日常的に要求の

多い小さな子どもとの生活において、柔軟な直立姿勢やしなやかさは大切な要件です。

　操体法は、日本で開発された健康維持に役立つ体操で、身体の様々な部位の循環を良くし活気づけます。これは上記したようなストレスサイクルを断ちます。筋肉のひきつれはなくなり、リラックスが広がります。あなたのために、以下に６つのエクササイズをご紹介します。これらのエクササイズは、以下に紹介した順番で行うのが重要です。

## バランスを取る（１）

　腰幅に足を広げて鏡の前に断ちます。腕の力は抜いてください。これから行うエクササイズには、常にこのスタートの姿勢から始めます。息を吸って、吐くと同時に肩の位置まで腕を上げます。手のひらは床に向いています。呼吸を楽にしながらこの姿勢を保ちます。床と平行に腕がなっているか、鏡で確認してください。もしもどちらかの腕が、もう一方より高い位置にあるようであれば、腰を右か左に移動させると腕のバランスが取れるようになります。このエクササイズを3-5回行います。この運動の目的は、両足に均等に体重を分散することにあります。もしも、常に一方にのみ、より荷重がかかるようであれば、これは関節に負担となり姿勢不整合をもたらします。

## バランスを取る（2）

スタートの姿勢に戻ります。呼吸を吸います。次に息を吐きながら臀部を突き出し頭と腕はぶらりとさせて上体を前傾させます。無理はしないでください。すべて吐き終わるまで緊張を保持し、息を吸いながら頭を上げ、吐きながら立位に戻ります。腰を中心に戻し、息を吐ききるまで緊張を保持します。そして、もう一度リラックスします。

このエクササイズの第二部では、次に息を吐くときに腰に手をあて骨盤を少し前方に出します。上体はほんの少し後方に傾き伸びた脊柱の延長線上に頭がきます。後方に傾きすぎると、倒れてしまいますので気をつけてください！息を吸い、緊張を高めてから中央のポジションに戻ります。

簡単にできるエクササイズとそうでないものがあるのに気が付きましたか？ そうであれば、簡単なものを3-5回繰り返しましょう。それから難しかった動きをもう一度行います。違いがわからなければ、このエクササイズを通してもう2回行います。

## ストレッチ（1）

　スタートの姿勢に戻ります。息を吐きながら横にゆっくりとストレッチすると同時に片方の腰を横に移動させ、移動した側の足の上に体重をかけます。同じ側の腕を上げ、その体側をストレッチします。反対側の腕をお腹の前に動かします。ストレッチした身体をひねらないようにしてください。この姿勢で息を吐きリラックスします。次に息を吸いゆっくりとまっすぐの姿勢に戻り、最初のポジションに戻ります。そして反対側も同様に行います。再度、自分にとってやりやすい側があった場合には、そのエクササイズを5回繰り返しましょう。そして反対側ももう一度行います。どちらも変わらずできるようであれば、左右両方を2度ずつ行ってください。

## 回転

　スタートの姿勢に戻ります。息を吸いながら右足に体重を移動し、両腕を肩の高さに上げます。息を吐きながら、上体を右にゆっくりと回転させます。これを行いながら、回転させている右足を床にくっつけておくのは重要です。もう一方の左足のかかとは床から少し浮いています。エクササイズを行った方にどれだけ回転できたか覚えておいてください。息を吐ききるまで緊張を保ち、それからリラックスして腕を下ろします。息を吸いながら、ゆっくりと中央に戻りましょう。もう一方も同様に行います。簡単にできた側のエクササイズを5回繰り返し、もう一方をもう一度行います。違いがないようであれば、左右を合わせてもう2回行います。

### ● ストレッチ（2）

　スタートの姿勢に戻ります。息を静かに吸います。吐きながら両腕を前面から天井の方向へ上げます。かかともそれに合わせて上げ、つま先立ちになります。では、ストレッチしましょう！手のひらは互いに向き合っています。身体全体を緊張させます。息を吸い終わったら、かかとと腕を脱力します。このエクササイズを3-5回繰り返します。

### ● マーチ

　スタートの姿勢に戻ります。足を腰幅に広げ、腕の力を抜いておきます。背中はまっすぐし、前方を見ます。立ち位置のまま、腕と足を交互に90度（それ以上にはしない）に上げてマーチします。右手と左足、左手と右足を交互に上げてマーチです。（クロス・パターニング）。床に着く方の足底は平らです。このようにして60回足踏みします。安全な場所で目をとじて行っても良いでしょう。最後にスタートの姿勢に戻り、身体の両側はまったくバランスの取れた状態になっているはずです。そうでない場合には、そうなるまで行ってください。最初の何回かは鏡を見ながら行うと良いでしょう。

# エネルギー補給

## 胸骨マッサージ

　右手の親指と人差し指を胸骨の左右に置きます。胸骨は鎖骨の真下に位置します。（これらは腎経の終点です）。これらのポイントを約1分優しくマッサージします。左手は臍に置いておきます。次に手を変え、同様にします。

　効果：これは新たなエネルギーをもたらします。

## 風邪のためのお茶

　特に寒い時期になって風邪の初期症状がではじめた時には、生姜が身体を温めるスパイスとしてお勧めです。生姜は利用効果が高いので、年中使われています。生姜はストレスとやる気のなさの間で気分にむらがある時に、バランスを取る働きがあります。

用意するもの：すりおろした生姜（小さじ1）もしくはジンジャーパウダー（ひとつまみ）、水200ml
作り方：生姜に熱湯を注ぎ、5-8分蒸らします。全部で3カップを一日で分けて飲みます。

### ●スープ休憩

　フェヌグリークは疲労に奇跡のように作用します。このレシピは二人分です。

用意するもの：ジャガイモ（2個）、玉ねぎ（半分）、バター少々、フェヌグリークシード（ひとつまみ）、野菜スープ（300ml）、牛乳（100ml）、塩（適量）、刻んだネギ（適量）、パセリ（適量）

作り方：ジャガイモをむき、スライスします。玉ねぎはみじん切りし、フェヌグリークシードと合わせてバターで炒めます。スライスしたジャガイモを入れ、軽く炒め、野菜スープを入れます。
　頻回に混ぜながら、弱火で約15分煮ます。牛乳を入れ、沸騰直前で火をとめ、お好みの量の塩を入れネギとパセリをちらせば完成です。

召し上がれ！

# あなたと赤ちゃんが達成してきたこと

　あなたの赤ちゃんは今や1歳になりました。歩いたり、または歩き始めようとしています。赤ちゃんが自分の2本足で立つことができるようになるには、すべての経絡が協働することが必要です。

　あなたの赤ちゃんは、今では一日中しゃべり、すでに"ママ"と"パパ"が言えているかもしれません。バランシング ベビーシアツは、赤ちゃんをリラックスさせ休息させるのに役立ちます。それは子どもに安全という感覚をもたらすのに多大な貢献をしました。自尊心を持ち、他の子どもたちとの接触も増えてきています。

　過去1年であなたは専門的組織的技能を身につけています。休むことなく子どもを気にかけてきた誰もがこれを無意識に行います。仕事に復帰した母親が、8時間かかっていた仕事を6時間で他の人がやる以上をこなせるというのは、この理由からです。

## エクササイズ一覧

1. いい気持ち！
(p.116 参照)

2. 真のリラックス
(p.117 参照)

3. 背中を強くする
(p.118 参照)

4. 足を可愛がる
(p.118 参照)

5. 上体を起こす
(p.119 参照)

6. ハイハイのための支援
(p.119 参照)

7. ボール遊び
(p.120 参照)

8. "丘と谷"
障害物コース
(p.120 参照)

9. 布のトンネルを抜けて
(p.122 参照)

エクササイズ一覧

10. スカーフを掴む
 (p.122 参照)

11. 手押し車
 (p.123 参照)

12. 丸太を転がす
 (p.124 参照)

13. 四つ這いで動く
 (p.124 参照)

14. 椅子の上で揺れる
 (p.125 参照)

15. 上に行って
 さようなら！
 (p.126 参照)

16. 飛行機
 (p.127 参照)

17. 安全安心
 (p.127 参照)

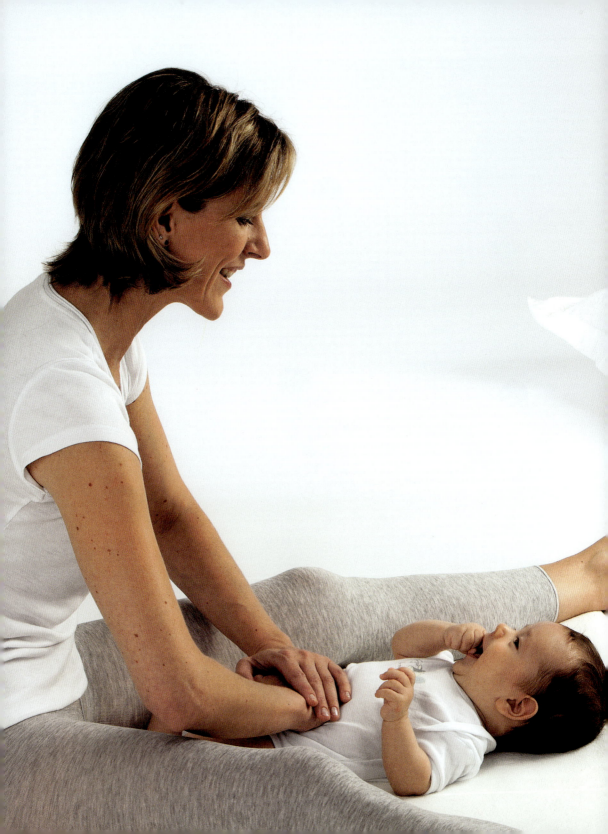

# 軽い不調への
# 対処法

赤ちゃんをリラックスさせるタッチもあれば、身体の特定の部位を刺激するものもあります。正しいやり方で、軽い不調を緩和することでもできます。この章では、よくあるケースに役立つ指圧の手法を一覧できます。

　ケアしている間に、赤ちゃんがぐずったり落ち着かなくなったり目を合わさなくなってきたら、赤ちゃんには休憩が必要ですので動作をやめましょう。もしも赤ちゃんが特定の手技を嫌がるようなら、無理強いはしないでください。

**重要：**
これらの手技は医師による治療の代わりになるものではありません。もしも痛みや不調が続くようであれば、かならず医師の診察を受けてください！赤ちゃんに感染や発熱や湿疹、もしくは診断されていない病気がある場合には、手技を行わないでください。また赤ちゃんが疲れている場合にも、控えましょう。

# 足

## 健康な足

1. この手技は内股の赤ちゃんに有効です。片手に赤ちゃんの下肢を持ちます。もう一方の人差し指で、赤ちゃんの小指のつま先から足の外側を通って足首まで撫でさげます。生後1週間で行うと特に効果的です。一日に何度か繰り返します。反射反応が弱くなったら、もう一方の足に移ります。

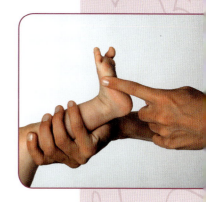

▶ このタッチは、足を外側に回転させる反射を促します。それは内股の逆方向ということです。足の筋肉が強化されます。

2. 足首の外側とかかとの底の間に線が走っていると想像します。その線の中央に、しばらくの間手でつまむと、つま先が広がるポイントがあります。同時に内股の逆方向、つまり足が外側に回転します。

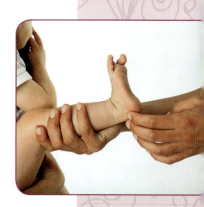

▶ 足が正常に発達しはじめるよう刺激を与えることができます。

3. まずは縦に、そして横に、あなたの親指で足底を撫でます。これは足の土踏まずの形成を助け、足に働きかけた結果として赤ちゃんをリラックスさせ落ち着かせるのに非常に効果的です。

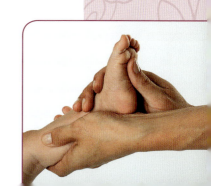

▶ 筋肉が強化され、足はリラックスします。

142 　軽い不調への対処法

## 緊張をほぐす

### 落ち着かせる

　赤ちゃんを横向きに寝かせます。2本の指先で恥骨から上方に下唇まで撫でます。2-3回繰り返します。それから優しく尾骨から首まで撫でます。最後に頭から鼻を通って上唇まで撫でます。2-3回繰り返します。

▶ これは自己調節を向上させ緊張をほぐします。落ち着かない赤ちゃんを穏やかにし、疲れた赤ちゃんを元気にします。この手技は、腹痛や睡眠を改善する効果もあります。

## 消　化

### 鼓腸を緩和する

1. 赤ちゃんの胸にあなたの手を重ねて置きます。手が温かく感じるまで待ちます。それからゆっくりと均等な圧で臍まで撫で下げます。再度手が温かくなるまで待ちましょう。手を重ねて、軽い圧で臍周囲を時計回りに円を描くように動かします。

赤ちゃんは自分の中心を感じます。この手技は腹筋を活性化させます。多くの赤ちゃんが足を自分に引きつけて挙上します。2-4ヶ月の赤ちゃんに最適です。

▶ 鼓腸が解消され疝痛が和らぎます。この手技は落ち着きがなく、ちょっとした騒音でびっくりする赤ちゃんに良い効果をもたらします。

2. 以下の手順は腹部をリラックスさせる働きもあります。赤ちゃんを仰向けに寝かせ、両側を持ちます。指は背中側、脊柱の左右にあります。（脊柱から1横指離れた場所です）。肩甲骨の位置から始めます。あなたの指先を使って赤ちゃんのお尻までリズム良く下がっていきます。何回か繰り返します。かならず上から行ってください。

▶ これは鼓腸にも役立ちます。

### ● 胃の調子を整える

　あなたの手は赤ちゃんの両側に数秒置いておきます。あなたの親指で臍の左右に円を描きます。これは赤ちゃんや子どもに有効です。

❯ これらの部位を刺激することで腸の機能を調和させる効果があります。赤ちゃんが下痢の場合には消化管を落ち着かせます。便秘の場合には刺激します。

## 呼　吸

### ● 楽に呼吸する

　あなたの指を鼻上部の左右に一本ずつ置きます。これらの部位は鼻の通りを良くし、本物の香りを迎える"迎香"と呼ばれます。次に上から下に鼻翼まで優しく圧します。鼻翼の左右にしばらく指を置き、次に頬骨にそって軽く圧します。何度か繰り返します。これはどの年齢の子どもにも使えます。

❯ この手技は呼吸のツボを刺激しています。鼻腔を広げ、粘液を流します。鼻詰まりが改善されます。

## 睡　眠

### 良い睡眠のために

　赤ちゃんを仰向け寝かせます。あなたの親指と人差し指で赤ちゃんの鼻上部の左右を持ちます。もう一方の手で下腹を時計回りに1分間マッサージします。この手技はどの年齢の赤ちゃんにも子どもにも使えます。

▶ この手技は眠りにつくのを助けます。頻回に夜泣きする赤ちゃんには、夜にも使うと良いでしょう。

## 感染症にかかりやすい場合

### 免疫機能を強化する

　あなたの赤ちゃんは風邪を次から次へとひきますか？ そんな時には免疫機能を良くしましょう。あなたの人差し指で、顎関節から始めて耳の周りまでゆっくりと円を描きます。そこから人差し指と親指で耳を優しく持ち、耳の上部から耳たぶまでマッサージしていきます。

▶ これは内臓を強化します。

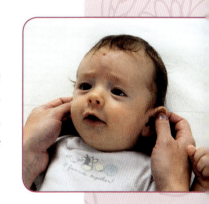

## 追記　小児はり

### はり（鍼）を使わない赤ちゃんへのはり療法

　もしも赤ちゃんがよりケアが必要な場合には、小児はりを使うことができます。たとえば、睡眠や食事や消化機能に問題がある場合や、感染症にかかりやすい、左右非対称である場合などです。小児はりはバランシング　ベビーシアツへの理想的な補完療法です。

　大人の鍼治療とは異なり、赤ちゃんや子どもをケアする場合には、はり（針）ではなく、特殊なくし型をした金属器具あるいは小児はり専用の皮膚を撫でるための編み棒のようなものを使用します。これは大人の鍼療法の針（鍼）のように身体に刺すものではなく、皮膚の表面の特定部位を優しく刺激するために使用されます。ツボと同様、反射区にある経絡に沿って優しく撫でたりトントンと叩いたりして赤ちゃんをケアします。

　赤ちゃんが軽い刺激にも非常に敏感に反応するような場合には、細心の注意を払ってケアを行います。ルールとして、小児はりは週に1-2回行います。（まれに非常に急性のケースでは、毎日行うこともあります）。

　小児はりは250年ほど前の日本の文献で確認されています。この療法が西洋で人気が高まっている理由は、まったく痛みがないにもかかわらず効果が期待できるからでしょう。小児科医、代替療法のセラピスト、助産師、指圧セラピストが小児はりの訓練を受け、その数も増えてきています。

心に調和が在るところにだけ
敬意が生まれる。
そして敬意をもってのみ
真の平静と内面の平穏に至る。

和敬静寂

## 関連団体

Complementary and Natural Healthcare Council(CNHC)
www.cnhc.org.uk
Established with government support to regulate complementary therapies including shiatsu. Website includes a register of shiatsu practitioners who are trained and qualified in England, Wales and Scotland.

The Shiatsu Society
www.shiatsusociety.org
Includes list of Shiatsu schools in England and Scotland.

## 出版物

Birtch, S.(2011)Shonishin: Japanese Pediatric Acupuncture.
New York: Thieme.
Robinson, N., Lorenc, A., Liao, X. and Donaldson, J.(2011) Shiatsu and Acupressure: A review of the effectiveness of evidence. Available at www.shiatsusociety.org/cintent/current-and-published-research, accessed on 13 June 2012.(Systematic review commissioned and funded by the Shiatsu Society, carried out by London South Bank University.)
Robinson, N., Lorenc, A. and Liao, X.(2011) 'The evidence for Shiatsu: a systematic review of shiatsu and acupressure.' BMC Complementary and Alternative Medicine 11,88. Available at www.biomedcentral.com/1472-6882/11/88, accessed on 13 June 2012.

## 著者と翻訳者

著者：
**カリン・カルバントナーヴェルニッケ**（Karin Kalbantner-Wernicke）
理学療法士。小児理学療法・感覚統合療法・精神運動療法・指圧インストラクター。ドイツ指圧協会、ベビー＆こども指圧師のための連邦協会の創立者メンバー。1985年、夫であるトーマス・ヴェルニッケ医師とともに、ドイツ、フランクフルト郊外において補完代替療法施設を設立。
「The Five Elements in Children（邦題未定）」ほか、ドイツ語著書多数。本書『ベビーシアツ』は、世界5カ国語に翻訳出版されている。

**ティナ・ハッセ**（Tina Haase）
健康と家族を専門とするジャーナリスト。ドイツ、ミュンヘン在住。

翻訳：
**カーティー 倫子**（Michiko Carty）
バランシングセラピーインストラクター、ベビーマッサージインストラクター、NARDアロマセラピーインストラクター、アメリカンアクアネータルインストラクター、ホリスティックセラピスト
京都大学大学院医学研究科人間健康科学専攻家族看護学講座成育看護学分野修士号取得。1997年より女性とベビーのためのヒーリングスペース「アクエリエル京都」を開設し、アロマセラピーケアやベビーマッサージ教室を運営するほか、医療従事者向けにメディカルアロマセラピーやベビーにかんするセミナーや講演を日本各地で行っている。2013年「カーティー助産院」を開業。翻訳書に『出生前のワタシを見て!』、監修書に『ベビーマッサージ入門ガイド』、著書に『現役助産師がすすめる母と子のアロマセラピー＆ベビーマッサージ』（いずれもガイアブックス）など。URLはhttp://www.aquariel.com

Baby-Shiatsu
## バランシング ベビーシアツ

| 発　　　行 | 2016年5月20日 |
|---|---|
| 発 行 者 | 吉田 初音 |
| 発 行 所 | 株式会社 ガイアブックス |
| | 〒107-0052 東京都港区赤坂1丁目1番地 |
| | 細川ビル 2F |
| | TEL.03(3585)2214　FAX.03(3585)1090 |
| | http://www.gaiajapan.co.jp |
| 印 刷 所 | シナノ書籍印刷株式会社 |

Copyright GAIABOOKS INC. JAPAN2016
ISBN978-4-88282-962-1 C2077

落丁本・乱丁本はお取り替えいたします。
本書を許可なく複製することは、
かたくお断わりします。